小野寺S一貴の

龍に願いを叶えてもらう方法

小野寺S一貴

宝島社

はじめに

龍神はあなたとつながりたくて、うずうずしています！

この本を手に取ってくださり、ありがとうございます。

いきなりですが、この本は、僕の一冊目の本、『妻に龍が付きまして…（以下略して、妻龍）』（東邦出版）をお読みになった方から、断トツで多い質問である、「どうやったら龍神とつながることができますか」に答えることに特化しています。ズバリ、あなたと龍神が互いに信頼を深めながら、お互いをサポートしあってステキな関係を築いていくことを目的にしています。

なぜこうしょっぱなから目的を高らかに宣言したかというと、龍神たちが今か今か、と人間とつながるためにスタンバイしているからです！

ここ数年、スピリチュアルなことが好きな人の間で龍神が大人気となっていることは、ご存じの方も多いでしょう。

パワースポット巡りが趣味の人や、御朱印ガールたちだけではなく、今やビジネスマンたちも龍神の存在に注目しているといいます。それゆえ、龍神

に関する本もたくさん出版されています。『妻龍』も例外ではありません。

『妻龍』をご存じない方のために簡単に説明させていただきます。２０１６年の春のことです。妻のワカが、彼女を長年守護している龍神ガガの声が聞こえるようになったことが始まりでした。そもそもワカは、幼い頃から目に見えない世界を感じる力に長けていたそうです。ただそれが却って煩わしく、あえてさまざまなことを見ないようにスルーしてきました。

でもガガの声には、無視できない力強さがあったのです。その教えを実験的に試すうちに、自分自身の体調がよくなったり、僕たち夫婦の人生が素晴らしく好転しました。

龍神とつながることは誰にでもできます。ワカが特別だったからではありません。その証拠に、元エンジニアで堅物の僕にも、黒龍さんという素敵なパートナーの龍神が付いてくれています。

龍神とコンビを組むと、運がよくなり願いが叶いやすくなるのはもちろん、新しい能力が開花したり、毎日を楽しくエネルギッシュに過ごすことができるようになります。

ガガや黒龍さんが教えてくれた、大切な教えの数々を、これからの変革の時代を生き抜く皆さまにもぜひお伝えしたい、その思いでまとめたのが『妻龍』でした。

龍神はペットではない！

おかげさまで、『妻龍』をきっかけに、僕たち夫婦の元には、龍神に関するさまざまなお声が届くようになりました。

「龍ってファンタジー上の生き物ではなくて、本当にいるんですね」とか、「龍神はやっぱり緑色をしているんですか？」とか、「ガガさんは、ほかの人の願いは叶えてくれないのですか」などなど……。

実際に、龍神が自分のそばにいる時のサインをキャッチするようになった人は、とても多いようです。

そのことは、ガガも黒龍さんもとても喜んでいました。龍神界でも、人間が自分たちの存在に敏感になってくれていることは喜ばしい、と話題になっているそうです。

ただ、龍神たちは、僕たち人間の行動がイマイチ読めず、頭の中がクエスチョン「？」でいっぱいになっているようなのです。

「我々のサインをキャッチしただけで人間は満足なのか？」

「我々と本気でつながって、人生を輝かせようとするものはいないのか？」

「神社にお参りに来てくれるのはうれしいが、参拝できたらＯＫなのか？」

ガガはこんなふうに言っていました。

「人間は我々の存在に気づいているようなのだが、それで喜んでおしまいだ

がね！　それでは我々はウマい魂にありつけん！　我々はペットではないのだよ！」

もしかしたら、ガガは仲間たちから、「しっかり龍神とつながる方法まで人間に教えよ」と責められてしまっているのかな、と僕たちは考えました。

龍神と人間は共存共栄が基本！

龍神は人間の世界と神様の世界を自在に動く生き物であり、神様の使いです。「こいつだ！」と見込んだ人間とつながると、ずっとその一人を守護し、成長を助け、ここぞという時は神様のお力をも借りて奇跡をもたらしてくれます。

それだけ聞くと、「わあ、龍神が付いてくれたら、いいことばっかりね」と思いますよね。ただ、人間もやることがあります。

龍神と人間の関係は、一方通行ではなく、持ちつ持たれつ、共存共栄が基本。簡単に言うと、人は龍神が付くことで運気が上がり、龍神はその人間のおいしい魂をごはんとすることでコンビは成り立ちます。

ですから、龍神というのは、上質なメシのタネになるであろう人間を探しているのです。

龍神にとっての抜群においしいごはんとは、活動的でワクワクとした人間

の魂です。

龍神にしてみると、見込んだ人間が勇気を持って何かに挑戦したり、活躍したりするというのは、何よりもうれしいことです。なぜなら、どんどん魂が成長しておいしくなるからです。そのおいしい魂をバクバクたくさん食べることができれば、龍神はますますパワーアップしてあなたにいっそう神風を送ることが可能になります。人間にとってもさらにおいしい展開となるわけです。

そして、目標に向かってやる気みなぎる人間を守護し、育てることは、龍神仲間からも一目置かれ、どうやら龍神の出世にも関わってくるらしいです。

つまり、僕たちの成長が、龍神のレベルアップにも一役買うということ。そうやって人と龍神はともに繁栄していきます。

夢を叶えたい人、絶賛募集中！

龍神とつながるためには、特別な作法や儀式のようなものがあると思っている人がいるとしたら、それもまた誤解です。

龍神は、前進したい、夢を叶えたいという人には、喜んでサポートしてくれます。いやむしろそういう気概がある人こそを求めています。

実際、読者の中には、龍神とつながることで、起業の夢を叶えたり、あれ

よあれよという間に結婚された人もいます。

今回はガガが教えてくれた龍神とのコミュニケーションのとり方を、実践形式で、できるだけ多くの人が理解できるように、僕なりに咀嚼《そしゃく》しながらまとめてみました。


龍神は、あなたが呼んでくれるのを待っています。

あなたともっと近づきたい、仲良くしたい、もっと役に立ちたい、もっと喜ばせたい、もっと豊かで幸せになってほしいと思ってくれているのです。

だからこそ、龍神はあなたに本当に大切なことを伝えたいし、一緒に苦楽をともにしたい、ペットじゃなくてパートナーになりたいと思っています。


あなたにはあなたの龍神が必ず存在します。

あなたがあなたの龍神とつながれば、僕たち夫婦がガガや黒龍さんから聞いた話とはまた別の、素晴らしいことをたくさん教えてくれるでしょう。

本書をきっかけに、ぜひあなたはあなたの龍神とのコミュニケーションを楽しんでもらいたいと願っています。

龍神とタッグを組んで、最高の人生を歩む用意はいいですか？

さあ、今からあなたの龍神に会いにいきましょう！

小野寺S一貴の龍に願いを叶えてもらう方法

もくじ

1章 あなたの龍神とつながろう！

龍神たちは、人間の周りに幾千万億いて、「おいしい魂の持ち主はいないかな～」と常に探しています。それほど龍神は力を持て余しているのです。今こそ龍神とつながって、目標を叶える絶好のチャンスです！

龍神は一度コンビを組んだら、ずっとその人間に寄り添う

龍神は人間が自分たちに興味を持ってくれているという今の日本の状況を大いに喜んでいるのですが、そこから前進して、実際にあなたとコンビを組んで、成長をサポートするという「やりがい」を求めています。

龍神の立場からすると、あなたが龍神とつながり、夢や目標に向かって動き出すことで、やっと彼らの活躍できる職場ができるのです。

彼らの望みは、僕たち人間がこの現実社会で望みを叶えながら成長し、ともに幸せになっていくこと。だから、どんなにあなたが大きな望みを持っていても構いませんし、今のあなたの現状も気にしません。たとえ、今無職だとしても、「これから起業して世界的な大企業をつくるんだ」という壮大な夢があっていいのです。年齢も関係ありません。「もう60歳だけど、これからお芝居を習って主役として舞台に上がりたい!」それでいいのです。むしろそのくらい夢と現実にギャップがある人のほうが、魂が磨かれておいしくなりそうだ、と嬉々として飛んできてくれると思います。

ガガによると、基本的には、一人につき一柱の龍神がつきます。一度コンビを組んだらずっとその人間に寄り添い、よっぽどのことがない限りほかの人に乗り換えるようなことはありません。

とはいえ、実際問題、「龍神とどうやってつながればいいのか?」「龍神がそばにいるサインはなんとなくわかっているけど、つながっている実感が持てない……」という悩みを抱えている人が多いようですが、大丈夫。安心してください。

なんとなんと、ガガがそのためのスペシャルワークを考案してくれました! まずはそこからスタートしていきましょう。

ガガ直伝ワーク 1

龍神とコンビを組む

龍神たちも、どうにかして人間ともっと仲良くなりたいと思っています。ガガがワカを通してとっておきのワークを伝えてくれました！

あまり考え込まず楽しい気分でイメージしてみるのがおすすめです。

①椅子や床にリラックスして座る

心がザワザワしている時は、何度か深呼吸して心を落ち着けて。

②両手のひらサイズの龍神をイメージする

それがあなたがコンビを組む龍神です。色も形も動きも自由なイメージで構いません。もしかしたら、あなたの分身のような龍神かもしれません。大好きなタレントさんが龍神だったらとイメージしてみてもＯＫです。

具体的なイメージがわかない人は、この本のイラストの龍神を参考にしてみてください。

③胸にぽっかり穴を空けて、龍神をその中に入れる

何度か呼吸を繰り返すと、体になじんできます。

④龍神が自分の中にいるな、というう感覚や、イメージを持てたら大成功！

「私のところに来てくれてありがとう」「よろしくお願いします」などあいさつの言葉をかけると喜びます。

POINT

このワークに回数や時間、場所などのルールはありません。一度でしっかりつながったと思える人もいるでしょうし、まったく実感が持てないという人もいるかもしれません。そういう場合は日を改めてみたり、龍神が現れやすい場所（P22）で行ってみたりするとよいでしょう。日頃から「龍神は私の周りにたくさんいる」とイメージして意識するだけでも龍神は寄ってくるようになります。ワークをした直後はピンとこなくても、しばらくして思いがけず幸運な出来事があり、ちゃんとつながっていることがわかったという人もいます。

ガガ直伝
ワーク
2

龍神とコミュニケーションをとろう！

龍神とつながることができたら、早速コミュニケーションを楽しみましょう。龍神は声でメッセージを伝えてくるわけではありません。直感やひらめきといったことが大切な龍神からのメッセージなのです。

①名前をつけてあげよう

ガガはガーガーうるさいから「ガガ」と名づけたのですが、そう名前をつけたことでぐっと親しみが湧き、僕たち夫婦との絆はさらに深まったように感じます。あなたの龍神にも、名前をつけてあげましょう。

好きな芸能人の名前などでも構いませんよ。あなたが心底大切にしたいと思えるような愛着の持てる名前が一番。決まったら、その名前でいつも呼んであげてください。

②一緒に楽しいことをしよう

龍神はあなたの中にいつもいます。あなたがおいしいものを食べれば、龍神もおいしいと感じ、あなたが

自分の中の龍神さんを大切にすることは、自分自身を大切にすることにもつながっていきます。

つらい目にあったら、龍神もつらいと感じます。もちろん、「おいしい」「うれしい」「楽しい」というワクワクとした感情が多いほど、あなたの魂はおいしくなりますから、龍神は喜びます。舌なめずりする音が聞こえそうです。積極的に自分がワクワクすることをしてみましょう。それが龍神を喜ばせることになります。

③龍神の存在を意識しよう

日常生活にはさまざまなことがありますから、ずっと龍神を意識し続けることは難しいと思います。でも、休憩時間にちょっと思い浮かべたり、龍神さんの名前を呼んであげたりと、意識してあげるだけで龍神はあなたにパワーを与えてくれます。龍神はとてもエネルギッシュですから、そのおかげですーっと疲れがとれたりすることもあるでしょう。

そうやって日常から龍神の存在を意識していると、たとえば大きなプレゼンや試験の前に「龍神さん、見守っていてください」などとお願いすると、緊張せずに自分の力を発揮できたり、予想以上の成功を手に入れたりという幸運につながっていきます。

④どんどん話しかけ、相談もしよう

「今日は楽しかったね」とか「いいお天気だね」などと話しかけてあげると、よりコミュニケーションは深まります。朝起きたら「おはようございます」、寝る前に「おやすみなさい」、いいことがあったら「ありがとうございます」といったあいさつをするのもとてもよいです。

人間と龍神は共存共栄とお伝えしましたが、自分だけでがんばり続けようとせず、悩みや不安があったら龍神に相談してもいいと思います。ポイントとしては、愚痴だけで終わりにせず、あなた自身が「よい方向に解決していきたい」という希望を持つこと。

たとえば、上司と折り合いが悪いことがストレスになっているとします。「こういうことがあってね……」と龍神に相談したら、本当のところあなたは上司とどういう関係になりたいのか、そこもちゃんと伝えましょう。「本当は上司とうまくやりたいし、もっと話し合いながら仕事を進めたい」など。ただ、その時龍神から具体的な答えが返ってくるとは限りません。どちらかというと、あなたが実際会社で仕事をしている時に「もっと自分から上司に質問してみよう」など、気づきをもらえたりして、解決へと導かれていきます。

龍神とつながると、起こること

龍神とあなたが「うまくいっているぞ！」という目安になる出来事をお伝えしましょう。

タイミングがよくなる！

僕たちが、ガガや黒龍さんとつながったことで一番実感しているのが、タイミングがよくなることでした。

龍神は「運」を運んでくれるとよくいいますが、その「運」は物事がちょうどよいタイミングで運ばれるという「時の運」のことです。だから、人も出来事も、「待ってました！」と言わんばかり、おもしろいくらいよいタイミングでやって来てくれます。

たとえば、散歩中に何か食べたいなと思った時、いい感じのレストランが目の前にあったり、投資について勉強したいなと思ったら、勉強会に誘われた、とか自分でも「おお！」となることが起こりやすくなる。

なぜそういうことが起こるかというと、龍神たちは、1分1秒を操ることができるからなのです。だから、「タイミングがいいな」「ツイてるぞ」と思うことがあったら、あなたの龍神に「ありがとう」と感謝をしてみてください。小さなラッキーがとてつもなく大きな幸運へと発展していくこともあります。

人との出会いは神様との出会い。
龍神が与えてくれるチャンスの一つです。

素敵な出会いが増える！

タイミングがよくなるということとも関係しますが、素敵な人との出会いがぐんと増えてきます。ワークショップを開きたいと思ったら、そういったイベントを主催する仕事をしている人に出会うなど、人と人の縁がつながるというのは、間違いなく龍神の後押しです。

昔話に「傘地蔵」というお話があります。雪の大晦日《おおみそか》におじいさんが一つも売れなかった傘を、帰り道に出会ったお地蔵さんが雪をしのげるようにかぶせてあげて、その恩返しを受けるというお話です。

日本各地に伝わる昔話などには、このお話のように、人が困った時、仏様であるお地蔵さんや、神社の神様に出会うことで救われるというお話が実はとても多いです。

困っている人を助けていただくように、神様に取り次いでいたのが龍神なのです。

思い立ったら吉日で行動することを
意識すると、追い風が吹いてきます。

しかし、現代社会では、移動は電車や車が多く、ばったりお地蔵さんに会うとか、神社に出くわすということはめったにありません。だからといって、現代人に悩みがなくなるわけでもない。

今は、神様に取り次ぐ代わりに、人を派遣することにしたそうです。

人が神様の代わりとなって、チャンスを運んできたり、手助けをしてくれたりしているということです。

兆しが読める！

龍神とつながるようになると、「兆しを読む」ということができるようになってきます。

「自分がいつ動くべきか」といったことに始まり、「今はやめておこう」とか、「この人は信頼できるから大丈夫」とか、要所要所で勘が鋭くなってきます。

種をまくのに、冬に種をまいても土は固いし雪も降っているので、花は咲きませんよね。春になってから種をまくことで初めて、その後、花が咲き、実を結ぶわけです。

物事を成功させようと思ったら、ダメな時に動いても結果はついてこないということで、いつ動くかというような兆しを読むことは、やっぱり必要になってきます。でもそれは、季節のように「もうすぐ春だね」「もう秋だね」など暦を見てわかるものではありません。しかし、龍神とつながっていると、自分で「今だ!」というここぞの判断ができるようになってきます。

龍神とつながっていても、100%兆しを読むというのは不可能だと思いますが、まったく読めなかった人が2割ほど読めるようになるだけで、その後の流れは全然違ってくるはずです。「こっちに行ったら絶対にいいぞ」というのが本能的にわかってくるような感じです。

スピーディに願いが叶う

龍神は、人間界と神様界を自由に行き来しています。だから、運気の流れをつくり出しているのも龍神たちといえます。

たとえば、あなたが俳優になりたい、としましょう。龍神にその願いが届くと、龍神はそれを叶えることができる神様とつないでくれるのです。

ただ、神様はあなたが何もしなければそれ以上のことはできません。あなたが素早くその夢に対して行動を起こすことで初めて、応援することができます。

ガガによると、その目安は龍神に願いが届いてから72時間以内！　つまり、3日間です。それを過ぎると、神様的には、「俳優になるというのは本気の夢ではないのだな」と判断して、様子見になってしまうのだそうです。

基本的には、「目標に沿った人の行動＋神様の力」で奇跡的なことや、今と大きく現状を変える変化というものは起こりやすくなりますから、神様があなたの願いを棚上げしてしまうと、なかなか思うようにいかないということになりかねません。

運気が劇的に上がるというのは、何かしら目標に向かって行動している時に、龍神や神様の追い風によって運気がアゲアゲになった状態ともいえます。

3日以内に所属事務所をなんとしても決めなさい、というのではありませんよ（それもたいへん結構ですが）。俳優になるために、今すぐできることはたくさんありますよね。オーディションを探してみるとか、演技のレッスンの申し込みをするとか、イメチェンしてみるとか……。すぐに行動できることで構いませんから、思い立ったら吉日で、即動いてみると、がぜん神様も龍神も張りきってくれるでしょう。そこからあれよあれよと運ばれて、夢が叶うということが起こるのです。

「温泉旅行に行きたい！」「新しい財布が欲しい」といった比較的に叶いやすそうなお願い事でも、行動は大切です。

温泉旅行のパンフレットをもらいに行ったり、新しいお財布を店に見に行ったり、ワクワクする行動に移してみてください。

温泉を満喫できる分の臨時収入が入る、欲しかった財布を誕生日にプレゼントされる、というようなラッキーが巡ってきやすくなります。

column

行動することも「祈り」

「祈り」とは、意を宣《の》る。「宣言する」ということで、相手に意志を伝えるということです。ただ、それは言葉にすることだけではありません。

ある少年が「僕はプロ野球選手になりたいです」とか、「野球をうまくなりたい」と言葉で宣言するのを聞いたら、「そうなのか。がんばれ!」と思いますが、それをまったく知らなくても、グラウンドで一生懸命野球の練習をしているのを見たら、「この子は野球がうまくなりたいんだな」とか、「プロ野球選手になりたいんだな」とか、打ち方を見て「イチローを目指しているのかな」とか、思いは通じます。つまり、行動も祈りと同じで、神様に伝わるものなのです。

地道にコツコツ積み重ねることができる人は最終的に大きなことを成し遂げるといわれますが、それは、神様が「行動の積み重ね=祈り」に対して大きく微笑んでくれるのです。

ここにいるよ！

龍神の幸運サイン

龍神は、自分たちの存在に気づいてほしいので、いろいろな場所でサインを送ってきてくれますが、コンタクトしてくる率が高いのは、断トツで自然の多い場所です。自然豊かなエリアで龍神とつながるワークをしてみたり、あなたについている龍神とコミュニケーションを深めてみましょう。ここでは日常の中で見つけやすい、龍神からのサインを紹介します。

滝で水浴び

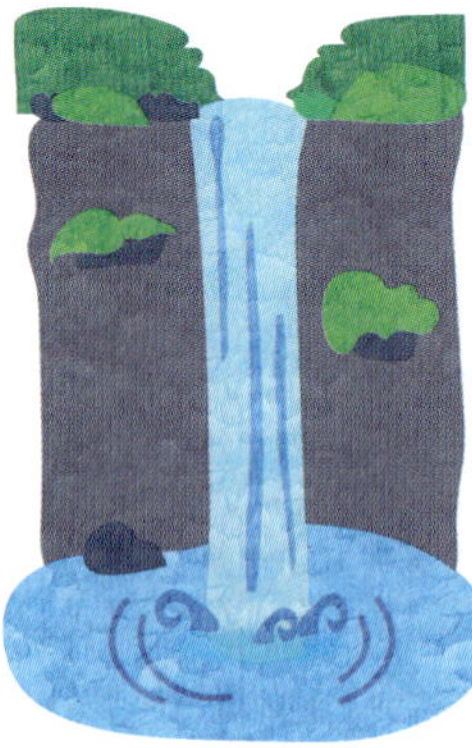

滝は昔から信仰や修行の場であり、神様や龍神と縁が深い場所です。滝のある森は水源がある証拠ですから、きれいな水が豊富で、空気も澄み渡り、龍神が好んで当然といえます。シャワーを浴びるように龍神が滝で水浴びしているかもしれません。龍神を祀っている滝も全国に見られます。

湖や川で水面が急にゆらゆら波立つ

龍神は水神といわれるくらいですから、水辺が大好きです。人間と離れている時は、静かな湖や川で泳いでいることもあるそう。あなたが湖や川に行った時、水面が突然ゆらゆらしたら、龍神がそばに来ています。

緑豊かで大きな木がある

森などには多くの精霊が住んでいるので、清浄で気のエネルギーが高く、龍が喜ぶ場所です。大きな木をよく見ると、枝や根っこの一部が龍のような形をしていることがありますよ。

神社や寺

神様のお力で結界が張られていて、気の充実した神社仏閣は、龍神にとっても居心地がよい場所です。龍神をお祀りしている神社に限らず、龍神は神様の使いですから、神社や寺には集まりやすいものです。

さわやかな風が吹いてくる

龍神は空を自由自在に動き回っていますが、風に身を任せて遊んでいることも。特に自然の多い場所や神社などの聖域でさわやかな風が吹いてきたり、よい香りが運ばれてきたら龍神のいるサインです。

空を見たら「あ、龍みたい」と思う雲がある

龍の形をした雲というのは、龍神のサインの代表的なものとして知られています。たくさんの人の目にとまりやすいサインでもありますね。「そばにいることに、気づいてほしいぞ!」とか、「これから大きな変化があるぞ!」という兆しをお知らせしてくれていることもあります。

空にかかる虹を見た

虹も龍の形をした雲同様に、龍神や神様からの幸運のサインといわれます。虹は雨が上がったあとにかかることが多いですが、通り雨も龍からの恵みのサインととらえている人も多いようです。

数字の8をよく見かける

双龍（2匹の龍）は末広がりの「八」を表します。無限大を表すのも「8」であり、龍神の無限のパワーとリンクしています。時間や買い物の金額などで数字の8を頻繁に見る時は、龍神が近づいています。

プチワーク

オリジナルの龍神サインを見つけよう！

ガガによると、自分が「あ、龍だ！」と思うものは、みんな龍神からのサインだそう。そうやって楽しみながらオリジナルの龍神のサインを見つけてみてください。

「こんなに守ってもらえているのだ」と僕たち人間がサインを気づけば気づくほど、龍神はますますやる気になって、あなたのサポートに力を注いでくれます！

本当につながっているのかな？　不安になった時は……

なかなか自分と龍神がつながっている実感が持てないとしても、焦らないでください。「私にはわからない」とか「龍神の声が聞こえない」というところに意識を向け過ぎてしまうと、どうしても心は閉じてしまいます。「私はつながっているんだ」「龍神さんに守られているんだ」と信じきってしまうほうが物事はよい方向に進みます。特にあなたに何か目標があり成し遂げたいと努力しているのであれば、龍神は一生懸命な人が大好きなので、龍神とつながっていないわけがありません。そういう時こそ、なおさら信じることは強いパワーになります。

人間の祈りから生み出された龍神

次章で詳しく説明しますが、龍神は神様の使いである眷属《けんぞく》ですが、ほかの眷属たちとまったく違う点があります。それは人間の祈りによって生み出された存在だということです。だから、龍神というのは人間とともに生きているといっていいほどの存在なのです。人間とはある意味「相思相愛」の仲ともいえて、あなたが信頼を寄せれば、あちらもその気持ちにちゃんと応えてくれるのだと僕は思います。

ただ、僕も昔そうだったのですが、目に見えない世界に対して懐疑心が強かったりすると、龍神はちゃんとサインを送っているのに、気づけなかったりすることはあると思います。でも、僕たち日本人の

DNAには龍神とともに歩んできた経験が刻まれています。そこを開花させるのは、あなたの信じる気持ち次第です。

それに、聞こえる、見える、ということは実はそれほど重要ではありません。ワカは少し特殊かもしれませんが、全員がそうなる必要はまったくないのです。それよりも、毎日の暮らしの中で楽しい時間が増えたり、新しい出会いが増えたり、ワクワクすることが増えたりといった変化の表れこそが、すでに龍神があなたに付いている証拠になります。たとえ龍神の声が聞こえても、日常が変わり映えしないのであればあまり意味がありません。

龍神がタイミングを見計らっている

いいことが起こらない、チャンスなんて来ない、と思っている人は多いでしょう。思うように物事が運ばない足踏み状態のもどかしさ、僕もよくわかります。ただ、それは「まだそのタイミングじゃないんだよ!」というだけのことだと龍神と生活する中でわかってきました。

フルマラソンに出たいと思ったとしても、自分がトレーニングゼロの状態で明日出場できる大会が用意されても、困りますよね。もし無理して出場して大ケガでもして走れなくなってしまったら、それこそ夢がつぶされてしまいます。ちゃんとトレーニングして、いいコーチに巡り会って、というふうに段階を踏んでいくと、自分で「このあたりの大会がいいだろう」と、それこそ兆しを感じるはずです。すると、一気に段取りが整って事が実現するというのが龍神の後押しです。

目標に向かって行動していけば、確実に一歩一歩ステップアップしているはずです。そしてある時、パッと道が開けます! あなたの龍神を信頼しましょう。

龍神にどんどん後押しされるコツ

ノリよく行こう！

僕たち夫婦は講演などで、「ノリよく行こう！」といつもお伝えしています！

僕たちが心配しなくても、どんどん行動できる人もいますが、考え込んでしまうまじめな人もまだまだ多いようです。そのまじめさも日本人的なよさだと思うのですが、もうちょっとはっちゃけてもＯＫ！

ノリがいい人は、こちらも驚くほど、あっという間に人生が展開していきます。

ワカはよく知人の相談にのっていて、「ああすればいいよ」「こうすれば大丈夫」と、アドバイスしていますが、いくらアドバイスをしても、実際本人が行動に移してくれなければ、どうにもなりません。

知人に、「37年間彼氏がいないけれど、どうしても結婚したいのでどうしたらいいか」という相談を受けたことがありました。

はじめはやはり自信が持てなかったり、怖かったようでウジウジしていたのですが、半年くらい前のこと、勇気を出していつもなら行かないような場所に出かけたら、素敵な出会いがあったと。37年間フリーだったのに、その人と出会ってわずか1か月で婚約。先日めでたくご結婚されました!!

龍神はとにかく気が早い！

龍神はとにかく、気が早いのです。その点、僕たち夫婦のようなせっかちな人間とは相性がよいのかなとも思いますが、動いている人のところには、「これはどう?」「こっちもやってみる?」といった具合に次々とチャンスを用意してくれます。

だから、タイミングがいいな、ラッキーなことが続いているぞと思ったら、遠慮せずにどんどん乗っかってください。

それがますます幸運のスパイラルが拡大していく重要なアクションです。

あなたに付いた龍神は、「あなたがチャレンジしてくれる」という前提のもと、神様とつないでくれていますから、何度もチャンスをスルーしていると、龍神の顔もつぶしてしまいかねません。

新しいことをする時、熟考したうえで行動したほうがいいことも確かにありますよね。

ただ、大概のことは「案ずるより産むがやすし」の精神でいるほうが、龍神の後押しは得やすいように感じます。どんどん行動していくことは、自分の龍神を信頼しているというメッセージにもなります。

プチワーク

龍神さんに、背中をどんっと押してほしい!

何か迷いがある時など、あなたの背中を押すために、龍神が現れる場合もあります。

「彼女に告白したいけど、勇気が出ない」など、あとひと押し欲しいという時、龍神に「姿を見せて」とお願いすると、サインを送ってくれることも。

たとえサインがなかったとしても、龍神は基本的にあなたの決断を後押ししますから、当たって砕けろ!でアタックしたらハッピーエンドになることが大いにあり得ますよ。ファイト!

2章

龍神のことを知って、もっと仲良くなろう！

僕たちの近くにいて、
夢を叶えるお手伝いをしてくれる
龍神たち。
龍神とはそもそもどのような
存在なのでしょうか。

地球の変換期を人間とともに乗り越えるために

この宇宙には、人間だけが存在するのではありません。ガガに言わせれば、地球には人間の目には見えないけれど、神様や精霊だったりがわんさかいて、そういう存在の数のほうが人間よりはるかに多いのだとか!

そして、龍神には、地球とは異なる次元に自分たちの世界があるそうなのです。

宇宙には人間界(地球)のほかに、神様の世界、龍神の世界、亡くなった人の世界(霊界)、僕たちはまだ会ったことはありませんが天使の世界や妖精の世界などがあります。

宇宙全体を一本のリンゴの木にたとえると、あらゆる世界(実)がたくさんあって、人間界はその中の一個の実に過ぎないということです。それぞれのリンゴは別次元なのですが、龍神はすべての次元を簡単に超えることができ、自由に行き来しているのです。

リンゴ同士というのはそれぞれ、よくも悪くも影響しあっています。実は龍神が今、この日本でこんなにもてはやされているのには、地球のエネルギーが大きな変換期を迎えていることと関係しています。

万が一、地球がエネルギーダウンするようなことがあると、同じ宇宙の中にある別の世界にもよからぬ影響が及びかねない。段ボールの中のミカンが一つ腐るとほかもどんどん腐ってしまいます。それと同じです。だから、龍神としては、地球に住む人間をサポートすることで、この変換期の宇宙全体がよい方向に進んでいくようにしたいと考えているのです。

この変化を恐れたり、戸惑ったりする必要はありません。なぜなら、龍神は太古から人間とともにあり、あらゆる変化をともに乗り越えてきています。僕たちは変化のためのサポートをいつでも龍神から受け取れるのです!

龍はエネルギー体

龍神には別次元の世界があるとなると、彼らが神様や仲間の龍神に会いにいく時は、僕たち人間のそばから離れてしまうのかと、疑問に思う人もいるでしょう。それは、龍神がエネルギー体だからです。エネルギーというのは、少しも難しいものではなく、人間も持っているものです。龍神は、一度コンビを組んだ人間と完全に離れてしまうということはありません！

たとえば、落ち込んでいる時に、元気な人と会って話をしたら気分が晴れた、なんてことはありませんか？　それを「元気がもらえた」と言ったりしますね。それは、実際相手の元気なエネルギーを自分がちゃんと受け取ったから。人間同士でもそういったエネルギー交換的なやりとりを無意識のうちに行っているのですから、龍神ともなれば、人間の中にエネルギーを残しておくことは朝飯前なわけです。

つまり、一度龍神とつながると、僕たちがどこにいようが、何をしようが、龍神には何でもお見通し。あなたの龍神が龍神界のミーティングに出席中でも、あなたの元で常に龍神のエネルギーの一部は働いていて、あなたがもし危機的な事態に巻き込まれでもしたら、瞬間移動して救い出してくれます。

また、龍神は、僕たち人間には何かしらのサインやメッセージを見せてくれますが、龍神同士や神様とは想念で会話をしているそうです。人間同士のように言語を使ってコミュニケーションするのではないのですね。想念で会話とは、テレパシーみたいな感じでしょうか。だから、逆に言えば、あなたのそばにいながら龍神同士で会話をしていたり、龍神と神様とで会話をしていることもあるわけです。

column

龍神はアジアがお好き?

日本のほかにも、台湾や香港では街じゅうの建造物に龍があふれていて、龍神はアジアの人に特に愛されている感じがします。ガガのような都会派の龍にしてみたら、香港の摩天楼とか東京の高層ビルの間を飛んだりするのは楽しいのかもしれません。

とはいえ、龍神はアジアにしかいない、というわけではなく、きれいな水のある場所にならどこにでも棲むことができます。

ただ、欧米では龍はドラゴンと呼ばれていて悪のシンボルなのです。鋭い牙や爪を持ち、炎や毒を吹く邪悪な生き物というイメージがついてしまっています。

だから、欧米人がアジア人のように、龍を好意的に迎えるということはまずありません。龍神にしてみると、そんなところにわざわざ行っても居心地が悪くてしようがない、だから行かないということなのです。極端な話、欧米の人にしてみたら龍は「いないでほしい」存在なのですね。もしヨーロッパやアメリカでも龍神が大人気になって、「ドラゴン大好き」「龍神さん来て」となったら、みんな大挙して押し寄せるんですけどね。

日本人の祈りが龍神を生んだ

龍神は神様と人間をつなぐ眷属であり、人間の祈りから生まれたとお伝えしましたが、そこを少し詳しく説明しましょう。

日本の神様は八百万《やおよろず》の神様です。龍神もたくさんいますが、神様もいたるところにいる国、それが日本です。なぜこんなに神様がたくさんいらっしゃるのかといえば、二つ理由があります。

一つは、日本は四季に恵まれて自然豊かな半面、洪水、火山、地震といった自然災害が多い国だということ。先人たちは、そういった大自然に畏怖の念を抱き、さまざまな自然現象に対し、祈りを捧げるようになったのです。それが、海の神様、山の神様、大地の神様、川の神様とそれぞれの自然に対して神様を生み出すことにつながりました。

さらに、日本人は、大自然だけでなく、草履でも釜でも器でも、森羅万象すべてのものに神様がいると考えてきた民族です。自分の生活を支えてくれる万物に対し畏敬と感謝の祈りを捧げ、神様が宿っていると考えていました。実は、八百万の神様というのは、人間の祈りによって生み出されたのです。

神様が周りにたくさんいてくれるというのは、とても心強いですが、自分たちの祈りが生み出していたということを知って、僕はかなり驚きました。

龍神が祈りによって生み出されたというのも、神様と同様で、龍神が水を司っていることと大いに関係しているのではないかと思います。

農耕民族であった日本人にとって、水は命と同じくらい重要なもの。雨の状況によって穀物の収獲が左右されてしまうのですから、雨雲を自在に支配するといわれていた龍に祈りを捧げるというのは、先人たちにとってごく自然なことだったでしょう。その結果、**龍は立場的には眷属の一派なのですが、人が崇敬するあまり、〝龍神〟といわれる神様レベルに昇格した**のです!

黒龍さんが教えてくれたのですが、歴史的に見ると、この日本に爆発的に龍神が誕生したのは、戦国時代だそうです。戦国武将たちは、戦いに勝つためにパワーのある龍神を常々頼りにしていましたし、庶民たちは天下泰平の世の中を願い、強い存在に守ってもらい、どうにか乱世を治めてほしいと願った。その気持ちが龍神を数多く生み出したのでしょう。

龍神は眷属のトップリーダー

龍神たちがいつから僕たち日本人と関わってきたかというと、なんと弥生時代まで遡ります。その時代には何らかの形で大陸から伝わり、弥生時代の土器には、すでにその姿が描かれています。飛鳥時代に伝わってきた仏教の経典にも、竜王とか竜女、善竜、悪竜という文字がありますし、仏を守護する八大竜王の記述もある。だから、ずいぶんと長い間僕たちと共存していることになります。先人たちは、現代人の僕らに比べてはるかに目に見えない世界とのつながりが強かったのでしょう。だからこそ、龍神の存在も意識されたのかもしれません。

では、ほかの眷属たちはどうでしょうか。獅子、犬、申《さる》、狐、鹿、兎、鳩、亀、海蛇といった眷属たちもそれらについての神話や民話が数多く残され、僕たちにとってなじみのある存在です。龍神との一番の違いは、実在するか否かというところ。

龍神以外の眷属は哺乳類から爬虫類までさまざまですが、みな実在する動物です。

これらの動物たちが眷属になった理由は、神社の近くに住んでいたり、神話に由来していたりさまざまですが、肝心なところは、その土地の神社の神様から「自分に仕えよ」と仰せつかって神使となったといわれます。

つまり、ご指名いただいた神様とその神社の専任ということで、基本的に守護するのもそのエリアやそこに住む人々が中心となります。

龍神は自由に動いてよく働く

一方、特定の神社に祀られている龍神はもちろんいますが、多くは人間の祈りによって生み出されていますから、神社があろうがなかろうが、あまり関係ありません。人がいるところならどこで生まれてもおかしくありません。だから、働き方も、基本フリーランスで活動しているような感じです。

だからこそ自由がききますし、行動範囲も広いといえます。人間とコンビを組んで、うまい魂を食べつつ、全国各地の神様とも交流を持ち、ツーカーになれるわけです。

龍神は、神様と人間の間を取り持つだけでなく、なんと神様とほかの眷属たちの調整や連絡係として機能することもあります。つまり、龍神は眷属たちのトップリーダー的役割も果たしているのです。それにしても、まあよく働く! それだけ神様からの信頼が厚く、一日も二日も置かれる存在なのでしょう。

数いる眷属の中でも「神」と付くのは龍神だけ。神様レベルのパワーを持っていて、眷属のまとめ役でもあります。

龍神の時間感覚

龍神の1年＝人間の100〜200年

龍神は一人の人間に一柱ついてコンビを組みます。そしてその人間にずっと寄り添うわけですが、龍神も人間と一緒に年をとっているのかというと、ちょっと違います。

まず、僕たちと龍神とでは、時間の感覚がまったく違います。「龍神の1年」＝「人間の１００〜２００年」とざっくり換算するとよいそうです。

ガガは平安時代生まれなので、「７９４《なくよ》うぐいす平安京」の７９４年から２０１８年までとして、ざっくり計算してみると、人間的には、１０００歳超えですが、龍神的には5〜10歳！　ガガが「我は若手なのだよ」というのも確かに納得です。

ここで大事なのは、僕たちの一生は龍にとっての1年にも満たないくらいだということです。

ガガはよく人間がぼーっとしながらお茶したりしているのを見ていぶかしがっていますが、龍神にしてみれば、僕たちの感覚より１００〜２００倍近い時間、何もせずぼーーーっとしているように見えるのでしょう。「何をうかうかしているのか、やりたいことをどんどんやらぬか！」と内心思うのもうなずけます。人間は龍神に比べてあっという間に、死を迎えてしまうからです。

魂は輪廻転生するとしても、今あるこの肉体でのお役目は一度終えることになるわけですから、「おいおい、ぼーっとしている場合ではないぞ」と思うのでしょう。

逆に、龍神がちょっと湖でゆらゆら泳いで休んでいるなんていう時は、人間にしてみたら何十年も湖で遊んでいる感覚なのかもしれません。

龍神のスピード感は、優しさ

確かに、龍神とコンビを組むと、ものすごい勢いで物事が好転していきます。人間が体感する願い事の進むスピード感もとてつもなく速い!

ガガはその状況を、「人間が切磋琢磨すればするほど魂がジューシーになって、我々がおいしい思いをするのだ!」と言っていますが、僕はそれだけではないのでは?と思うのです。

彼らがじゃんじゃん後押しをしてくれるというのは、僕たちがこの肉体でいる間に、一つでも多くのことを体験することで、人生を輝かせてほしいという、龍神なりの優しさのようにも感じています。

龍神の1年間は人間の100〜200年に相当。龍神にとってはあっという間なので、コンビを組むとどんどんチャンスを送り、体験させようと思うのです。

龍神のヒミツ 2

龍神の出世

行き着く先は神

龍神は人間のような三次元の物質としての肉体は持っていないので、長生きしているとしても、一般的に人間が老いを迎えた時のような、見た感じよぼよぼで、体力もなくなったり、動くこともおっくうになる、という変化は起こりません。もしかしたら、長年生きている龍神ほど成長した人間のおいしい魂をたくさん食べ続けているわけで、壮麗な姿をしているかもしれません。

龍神はエネルギー体ですから、そもそも人間のように寿命というものもなく、僕たちの感覚でいったら、永遠に存在していると考えてもおかしくないと思います。誰も神様が死んでしまうなんて考えないでしょう。それと同じです。

龍神は、一人の人間を育て上げて、最期まで見送ったあと、また別の人を探してサポートしていくというのが通常のようです。ただ、鳳凰権というものがあって、それを行使すると鳳凰となり神社に祀られている神様と同等のレベルの神になることもできるそう。そういえば鳳凰は、龍の体に羽が生えた姿をしています。ビックリですね（笑）。

しかし、龍神にもそれぞれ意思があるので、みんなが鳳凰になりたいわけではなく、鳳凰になる龍神はあまり多くないそうです。人間の社会でも、会社の中で管理職になってみんなをマネジメントする立場になりたい人もいれば、ずっと現場第一でやりたい人もいる。龍神もそういう選択をするのです。自分たちで人間の魂を育てるほうが、やりがいと満足感があるのでしょう。

龍神のヒミツ 3

龍神の性別

龍神にオス、メスはあるの？

龍神には、いわゆるオス、メスといった性差はありません。

ただ、男っぽい龍神、女っぽい龍神というふうな性格的な違いというものはあります。

ガガも黒龍さんも男っぽいなと僕たちは思っていますが、あなたの龍神さんはどうでしょうか？ ヒントとなるのは、自分がどういう性格をしているか、というところです。

やはり似たものが引き合うといいますか、ガガの発言を聞いていると、ワカに似ているところがありますし、黒龍さんの理屈っぽいところはやはり僕に似ています。

自分の長所や短所をよく見つめてみると、あなたの龍神のことがもっとよくわかってくるかもしれません。

自分に付いている龍神は、自分に似たところがあるようです。自分の長所も短所も受け入れることが、龍神と絆を深めることにもつながります。

龍神のヒミツ

4 龍神の色について

人間の成長レベルに合わせて色が変化する

龍神たちの色というのは、まず、そもそもの龍神の性格がそれぞれの色に影響しているのだそうです。火のようにエネルギッシュな龍神だったらオレンジや赤系、冷静沈着な龍神だったらブルーやグレー系、ラブ&ピースで平和的な龍神だったらグリーンっぽいなど。とはいえ、赤一つとっても深紅から淡いピンクのような赤までさまざまですよね。だから、実際は、絵の具のようにはっきりとした紫、緑、白、青というわかりやすい色ではないそうです。

そして、コンビを組む人間の成長レベルに合わせて、龍神のレベル、いわゆる格が変わり、色が変わります！　その時コンビを組む人間や、その状況に合わせて自分を変化させていきます。

ガガが教えてくれたことは、龍神は人間の成長に合わせて格が高くなるにつれて、どんどん白っぽくなりオーロラのように輝いていくそう。

ずばり、あなたの龍神を見れば、あなたの魂のレベルが丸わかり！　でも人間にはまず見えないでしょうから、龍神同士が互いを見て、どの程度の人間をサポートしているか、どの程度の魂の持ち主と関わっているのかがわかってしまうのですね。あまり恥をかかせないようにしてあげたいものです（汗）。

ある人がハードルの高い仕事で成果を挙げた時、単に仕事のスキルが向上しただけではなく、その人自身の意識や考え方や在り方といった人間性もひっくるめて成長が感じられると、「ひと皮むけたね」と表現したりしますね。人がひと皮むけた状態の時、あなたの相方の龍神も脱皮して、白っぽく変化します。

あなたの魂の成長が進むと、龍神も同じように脱皮して輝きが増します。
逆にあなたの魂がまずくなると、龍神もくすんで輝きを失います。

龍神のレベルに近づく努力をする

龍神というのは、とても懐が深く、たとえ自分よりはるか未熟な人間と組むことになっても、まずは人間に合わせてくれるのだそうです。

ガガが言うに、「身分違いの恋の話があるだろう。もし自分が助けたい相手が貧しい村娘だったら、王子が下りて手を差し伸べるがね」と。

自分が王子様だという前提の発言ですが（笑）、要するに「この子」と決めたら、その子や状況に合わせてくれる。

ただ、この場合、人間のほうも王子様である龍神に合わせる努力はどうしても必要。龍神は魔法使いではないので、そこはシンデレラのようにはいきません。

それが龍神とのお付き合いです。

共存共栄で一緒に成長していくことは絶対で、あまりに人間が他力本願で自分から行動していかないタイプだと、しびれを切らして去ってしまうかもしれません。

あなたの龍神の色をイメージしてみましょう

ワーク

あなたに付いている龍神は、どんな性格で、どんな色をしているでしょうか？ツヤツヤと輝いて発光していますか？　イメージしてみましょう。

好きな色や、こんな龍神さんがいいな、というふうに、想像してみてください。子どもの頃に戻ったように、イラストに色を塗ってあげてもいいですね。P12～13でつながるワークをした時に心に浮かんだ龍神の色を覚えていたら、その色もいいでしょう。ワクワク楽しんでワークをしてもらえると、龍神も喜びます。

あまり考え込まず、パッと思い浮かんだ色を参考にしましょう。浮かばない時は、自分がワクワクする好きな色がおすすめです。龍神を明るく元気にしたかったら、自分が好きなことをしたり、楽しむことを積極的にしてあげて。イメージに出てきた龍神さんがくすんでいて、ツヤがなかったりしたら、あなた自身も疲れているのかも。あなたが疲れていると龍神の力を十分に受け取ることはできません。自分を癒やしてあげたり、しっかり休むことも大切です。

龍神とともに輝いていこう！

ガガによると、みんなが神々しい白い龍神になりたいわけではないのだそうです。自分たちの姿形に誇りを持っているし、脱皮することが龍神の目的ではない。龍神にとっては、あくまでどんな人間と組んで、どういう人物に成長させているかというほうが１００万倍大事なのだそうです。

それを聞いて僕はほっとしました。僕についている黒龍さんは、もともと黒っぽい龍神だから、どんなに僕ががんばっても黒いままだからです。でも脱皮しないわけではなくて、僕のがんばりに応じて、脱皮してツヤツヤ黒光りし、輝きを増しているのだと思います。その艶の光がまぶしすぎて、黒いけど白く発光して見えるようになるといいな、と思っています。

龍神は生きる歓びを教えてくれる

龍神たちは、「この人は龍神さんが出会わせてくれたのかな」「このチャンスも龍神のおかげかな」など、気がついてくれることがうれしいのは本当ですが、起こる出来事すべてを龍神の力と紐づけて考えなくても、大丈夫です。龍神は、あなたが無我夢中で何かに取り組んで、あなたが毎日モチベーション高く生きてくれていることこそが一番うれしい。何かに夢中になっていると、ふとした時に充実している自分の状況に生きる喜びや感謝が湧いてくるものですが、僕はそういった充実感も龍神が与えてくれる大きな幸福だと思っています。あなたもそういう体験をしたら、自然と龍神さんに感謝の気持ちが湧いてくるでしょう。

3章 龍神に好かれるタイプ、嫌われるタイプ

誰かを好きになる時、
好みのタイプは大切ですね。
龍神にも、「こんなコがいいな」という
タイプがあるそう。
龍神好みのタイプになって、
どんどん願いを叶えましょう！

幸せになる努力をしていけば大丈夫

龍神ともっと仲良くなりたい、がんがん後押ししてほしいという人は、龍神好みの人間でいるほうがうまくいくのは当然です。龍神は、あなたの行動や在り方、つまり人間性を常に見ています。

お伝えしてきたように、龍神は人間の成長を何よりも願っています。「昨日より今日、今日より明日」と自ら行動し、一歩一歩努力して前進する意志と姿勢がある人が大好きです。

たとえば、アスリートや芸能界で活躍しているスターなど、「僕が1番になる！」「私が主役になる！」と、野心ともとれるくらいの向上心あふれる人や、ビッグな夢がある人のところには、わらわら龍神が群がって取り合いになっていることはよくあるようです。

だから、どんな分野であっても世界チャンピオンになるような人には何十柱もの龍神がついていることがあります。正式にコンビを組むのは、その中から本人の生き方や夢にぴったりな1柱だけですが、その他の龍神もチャンピオンのおいしい魂のおこぼれをいただいて、その引き換えに後押しをしています。チャンピオンは、何十柱もの龍神のパワーを味方にして、さらなる高みを目指していけるのですね。

トップを目指すほどの貪欲さがある人というのは、龍神からしてみると、間違いなく「おいしい人」なわけですが、現実社会においても、多くの人を魅了したり、楽しませたり、勇気や力を与える人物であることも多いでしょう。

でも心配しないでください。龍神はアスリートや芸能人のような目立つ存在ばかりに好むわけではありません。人間は皆それぞれの立場で、この人生でクリアすべき使命を持って生まれてきていることを、龍神は当然わかっています。子育てでも、勉強でも、一生懸命取り組んで、より自分や家族が成長したり、幸せになる努力をしている人を応援してくれます。

龍神に好かれるタイプ

仮に10柱の龍神がついている人がいるとします。その中で専任は1柱です。

残りの9柱の龍神は専任のおこぼれに預かりつつ、同時に自分が専任になれるイキイキした魂の持ち主を探しています。

だいたい、人間関係は類友現象（類は友を呼ぶ）が起こるもの。同じような波長の人が集まっていますから、龍神にしてみると「この人の周りにいれば、いいメシのタネ（人間）にありつけるだろう」と思っているのです。

たくさん龍神が付いている人というのは、言わば龍神のハローワーク、職場の供給者でもあります。龍神にとってはとてもありがたい存在なのです。だからますますその人の運気も上がります。運がすこぶる強い、いわゆる「持ってる」と言われる人は、そんなふうに龍神から愛されていることが多いです。

龍神から好かれる人は、現実社会でも周囲から信頼されていたり、老若男女を問わずモテモテの人が多いでしょう。

肌や髪が健康的でツヤツヤ
いつも笑顔
フットワークが軽い
清潔感がある
負けず嫌いで努力家
素直で正直
嫌なことがあっても切り替えが早い
人の立場で物事を考えられる
目標を達成するまであきらめない

✕ 龍神に嫌われるタイプ

龍神に好かれるタイプをひっくり返せば、嫌われるタイプになります。特に、心の在り方は重要です。愚痴や不満、悪口ばかり言っている、口だけで行動しない、感情的で周りに当たり散らす、人のせいにする、傲慢、他人の足を引っぱる、うらみつらみが激しい、損得勘定だけで動く、人の話を聞かない、上から目線、人をコントロールしようとする……。

これらがすべてそろった、ザ・嫌われ者という人はそう多くはないでしょうが、こういう嫌われ要素を含んだコミュニケーションをとっている人は案外多いかもしれません。

龍神は人間にネガティブな部分をなくすことを求めているわけではありません。人間には誰しもブラックな部分はありますし、なくすこともできませんが、他人を不幸にするようなことをしたり、願い事があるのに、「どうせ無理」と思って自ら成長を止めてしまったりしている人は、龍神がサポートする気になれず、運気も下がってしまうでしょう。

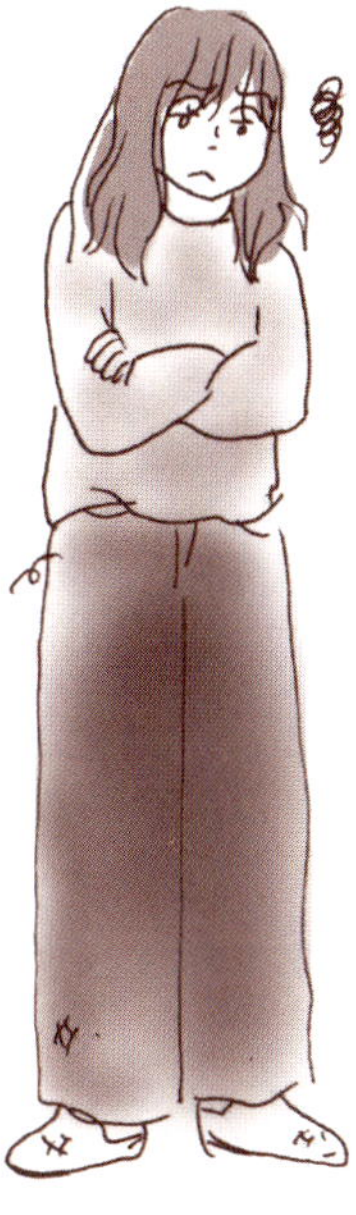

肌、髪などがカサカサして、ツヤがない

全体的に不潔な印象

不満げな表情が多い

不平不満が多い

うそつき

努力しない

何でも否定から入る

立場が弱い人に威張る

言い訳ばかりしている

龍神に好かれる暮らし方

日々の生活の中で
龍神に好かれるポイントを、
具体的に見ていきましょう。

バッチリメイクする必要はありませんが、顔だけはツヤツヤ、あぶらっけがあるほうが、龍神にはおいしそうに見えて、ついつい引き寄せられてしまうそう。

大切にされる雰囲気でいる

ガガは人間の矛盾点をよく教えてくれるのですが、人間というのは、「自信がない」「私なんて」と言いながら、実際、嫌な扱いを受けたり、何かをしてあげても感謝されなかったりすると、内心ムカついたり、「このやろう」と思ったりしている、と。つまり、「誰もが大切にされたいと思っているのではないか」と言っているのです。それはごもっともで、やっぱり人間は周囲の人から大切にされたらうれしいし、自分のことをよく扱ってほしいと思っている生き物でしょう。

しかし、ズタボロな姿のままで、「大切にしろ」というのは、ちょっと無理な話。

やはり、大切にされたいのなら、人から大切にされる雰囲気でいることが大事。「人を見かけで判断してはいけない」と言いますが、高価なブランドものを身につけて、キンキラキンにしなさいという意味ではなく、「清潔感を保って、自分がいつも快適な状態でいられるようにしていると、必ず周りからも大切にされる」とガガは言っています。

ガガは、「この食べ物はOK、この食べ物はダメ」とは一切言っていません。どんな食事もありがたくいただくことは大前提です。

食事に気をつける

僕たちは肉体を持って生まれてきますが、この肉体は神様があなたにとって一番よいものを選んでくれたのだそうです。僕の場合だったらこの人生で「小野寺S一貴」として生きるうえで、その魂の成長に最も適している肉体を神様から与えられています。

そして、僕たちは食事によってこの体を維持していますね。体というのは日々の食事でできているので、自分の体を労わる気持ちも込めて、できるだけ良質な食事を心がけているほうが神様や龍神とつながったり、サインを受け取る感度が上がります。コンビニ食やジャンクフードは手軽で便利なのですが、それをずっと続けていて平気だとか、むしろ大好きだとなっていると、自分が思う以上に五感が鈍っていたり、勘が働かなくなっていたりすることもあります。やはり、野菜でも魚でも肉でも、食材から調理したもののほうがその食材の新鮮で高いエネルギーをもらうことができます。

現代人は忙しいですから、毎度手料理というわけにはいかないでしょうが、いつも外食や出来合いの食事だという人は、週末だけでも手作りしたものをいただくだけで体も心も穏やかになれるし、目に見えないものを感じる感覚も養っていけます。

運動して身も心もリフレッシュする

龍神は人間の魂を食べます。しかし、どんな魂も食べるわけではありません。龍神が好むのはワクワクして弾んだ魂オンリー。穢《けが》れて弱々しい魂は絶対に食べてもらえません！

だから、龍神に喜んで食べてもらえるように、ハートが躍るような強い生命力に満ちた魂でいることが大事になってきます。

どうすれば、ハートがワクワク、弾むようになるかというと、一番簡単な方法が運動です！　ちょっと駅まで走ったりするだけで、心臓がドキドキするでしょう？

そんなふうにこまめに体を動かしたり、できれば運動の習慣をつけられると、いつも龍神に弾んだ魂を提供できる。自分もそのお礼にたくさん後押ししてもらえるようになるのです。

かつて日本人は農耕民族でしたから、農作業が日常的なことで自然と体を動かしていました。でも現代社会は乗り物移動が多く、歩く機会すら減っています。多くの人が運動不足です。

ガガは「体を動かして、汗をかいている魂はキレイで、龍神や神様のうまい栄養になる」と言っています。心臓の鼓動は喜びの証し。運動して身も心もワクワクさせましょう！

身の回りを片づけてスペースをつくる

龍神は、「穢れ」を嫌います。穢れは「気枯れ」といって心身のエネルギーが弱っている状態。そのほかに、実際の「汚れ」の意味もあります。

住んでいる部屋や身の回りが散らかり放題になっていると、運気が上がるどころか、龍神に嫌われてしまいます。汚い場所に神様をお連れすることはできない、とも龍神は思うでしょう。

家をキレイにしておくことは、龍神にも神様にも好かれ、運気を上げる基本中の基本です！

部屋が汚い状態では、いくら龍の置物とか開運グッズを置いても、ただのゴミになってしまいます。効果がないからとさらに開運グッズを「足す」ことで、ますます部屋がカオスになりかけている人は要注意です。龍神に好まれるためには「足す」より「引く」。できるだけスペースをつくることこそが好かれるコツです。何かを置くなら、その場をキレイにしてから飾りましょう。

僕たちは1年間まったく使わなかったものは、感謝をしてから、だいたい処分しています。

ガガは「引く」ことは自分にとって何が必要で、何が不必要かを取捨選択する訓練だと教えてくれました。「引く」ことを覚えれば自然と部屋も心も清々しくなり、人生の中で迷うことも少なくなるでしょう。

水回りをキレイにする

龍神は水と関わりが深いため、龍神に好かれたい人は家の水場をすべてキレイに掃除することが欠かせません。

キッチン、トイレ、バスルームが要になりますが、ワカは自分が使うたびにチェックして、汚れがたまって大変なことになる前に、ささっと掃除してくれています。

水回りがキレイだとやはり気持ちがよいもので、ガガや黒龍さんも我が家を気に入ってくれているようです。

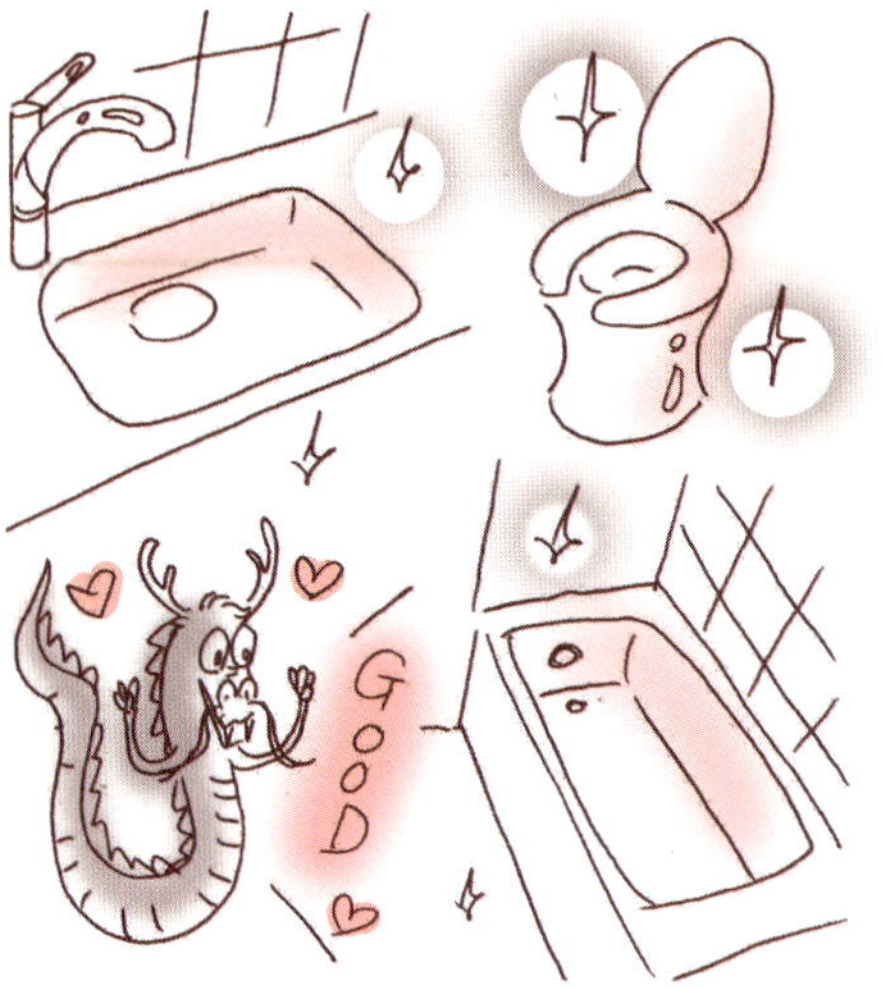

ワーク

龍神を家に呼び込む

龍神は水を依り代にしますから、龍神を家に呼び込みたい人は、目印となる水場をつくりましょう。

① 朝起きたら窓辺にコップ1杯の水を置き、窓を開ける

それが、龍神が宿る依り代になります。東の窓が最高ですが、方角はあまり気にしなくて構いません。

②「どうぞおいでください」など、龍神を招く気持ちを伝える

龍神は風になって訪れます。お祈りしたら、数分でも部屋中に風を通しましょう。空気が入れ替わり、龍神が部屋に入ってくる環境が整います。

＊龍神に何かお願いがある時なども、この方法でお呼びしてお伝えしてもいいと思います。

禊ワーク

お風呂で龍神とコミュニケーション

龍神に後押ししてほしい時は、どんどん話しかけてくださいとお伝えしていますが、愚痴や不満を聞いてもらうのもＯＫです！　ワカなんか神社でもしゃべりまくっていますし、うちにいる時は神棚の前で酒を飲みながら転がって愚痴をこぼしています（笑）。

おすすめなのは、お風呂に浸かりながら、龍神に話しかけることです。

水には禊《みそぎ》や邪気祓《はら》いの意味もありますし、龍神は水神ですから水と相性が抜群です。湯船に浸かって、目の前にあなたの龍神がいることをイメージしながら、愚痴でも、夢でも、今日あったことでも、何でもいいので、心で思っていることを龍神に聞いてもらいましょう。かなりすっきりしますよ。

悪いものがお風呂のお湯に全部流れ出てくれるので、そのお湯は全部流してしまってくださいね。

龍神に好かれる心がけ

ここでは龍神の追い風パワーが倍増、いやそれ以上にもなる心がけを厳選してお伝えします！

①恥をかけ！

　僕たちの体は、それぞれの魂の成長に最も適している肉体を神様が与えてくれたもの、と前述しましたが、もう一つ神様が僕たちに体を与えてくれた大切な理由があります。それは、魂を磨くためにさまざまな体験が必要だからです。体験するというのは、体を使って行動すること。だから、やりたいことや手に入れたいものがあるのに行動しないというのは、体を無駄にしているということにもなってしまうのです。

　でも現実問題、やりたいことがあってもなかなか行動が起こせない人が多い。結婚したいとずっと思っているのに婚活しなかったり、仕事優先でどんどん後回しにしてしまったり、一歩踏み出す勇気が出なかったりする人が本当に多いようです。

「思考は現実化する（Think and grow rich）」で有名なナポレオン・ヒル博士が「人間はやりたいことを何回失敗したらあきらめるのか」というアンケートをとったことがあるのですが、平均何回で人はあきらめると思いますか？

　なんと平均で1回以下だったそうです。つまり、やりたいことを1回もチャレンジしない人がどれだけ多いかということ。やってもほとんどの人が1回であきらめてしまうのです。そのくらい人間は行動しない生き物なのだという証明のようなものですが、これは反対に、行動できる人であれば夢を叶えていくチャンスがいくらでもあるということです。

恥をかくと人生経験値が上がる

ではどうやって行動できる人になっていけるか。黒龍さんが教えてくれたのですが、龍神界では、恥をかいたり、失敗したりした人間をほめたたえているのだそうです。人間がそれにまったく気づいていないのですね。どういうことかというと、「恥をかいたら、人生経験値が一つ上がる。結果的にそれで後々得することのほうが多いのだ」と。それをまず知っていただきたいと声を大にして言っています！

「わからないことがあったら人に聞いてみる」といった小さなことでさえ、「恥ずかしいから」と避けている人が多い。「もう年だから」と着たい服を遠慮したりするようなこともそうです。自分の気持ちより、他人にどう思われるかということのほうばかり気にしているのですね。

もしわからないことを誰かに質問して、「そんなことも知らないの？」と言われてもいいじゃないですか。「聞くは一時の恥、聞かぬは一生の恥」というヤツです。そういう小さな恥をかくことすら避けている人が多いので、人生を変えるような大きな行動をとれる人が少ないのかなあ、と龍神たちの間でしばしば議論になっているようです。龍神にとっては僕たちが行動してくれないと後押しできませんし、行動しない人間の魂はどんどんまずくなっていくので死活問題らしい。

わざわざ恥をかく必要はないけれど、「恥をかくことは、いいことだ」と、あなたの認識を今からチェンジしてみてください。「ああ恥ずかしい！」という経験をしたら、魂はレベルアップ！　龍神はそういう人をどんどん応援してくれます。

ワーク

小さな恥をかくレッスン「行動する勇気がつく」あいさつ＆ゴミ拾い

①近所の人、よく行くお店の人にあいさつをする！

「おはようございます」「こんにちは」「お疲れさまでした」など、いつも顔を合わせるのに、恥ずかしいし、無視されたら嫌だな、と思ってあいさつしていない人はいませんか？

あなたの中に本当は気持ちよくあいさつしたいという気持ちがあるのであれば、ちょっと勇気を出してあいさつをしてみましょう。

ガガのアドバイス

あいさつ一つが、自分が夢に向かってアクションを起こす弾みになるがね。無視されたって構わん。無視するほうがカスだがね！

②公共の場のゴミを拾う！

いつも通る道端や公園など、公共の場に落ちているゴミが気になるのに、スルーしてしまうことはありませんか？　拾ったほうが気持ちがいいとわかっているけど、いい人ぶってるとか、細かいヤツだと思われたくない、みたいな複雑な気持ちになって行動に移せない人がいたら、さっと拾ってゴミ箱にポイしてみましょう。すっごく気持ちが晴れ晴れするはず。

ガガのアドバイス

率先して公共の場をキレイにすることは、密かに人のためにもなっておる。うまそうな魂になるがね！

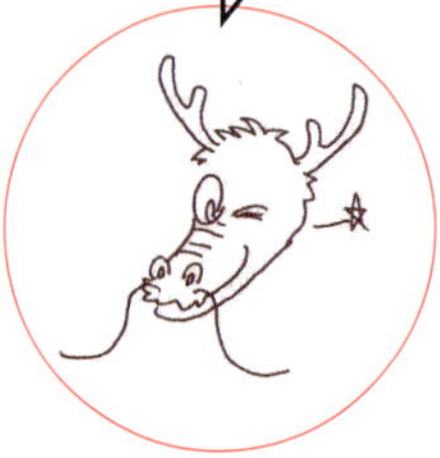

column

飲み会に行くと、人脈＝神脈が増えて運気上昇！

ガガによると、積極的に自分から人とつながろうとするとご褒美が出るよ、と。たとえば、会社で飲み会に誘われたら、今まで断っていたとしても、一度行ってみるだけで仕事運は上がるそうです。

その理由の一つは、龍神は神様の代わりに人間を派遣しますから、人とコミュニケーションをとるのは、幸運への入口みたいなもの。人脈が多いというのは、神脈が多いということになるのです。

自分の仕事さえこなしていればいいと思っている人が多いようですが、個人の仕事だけに固執しているとなかなか大きく発展していくことはありません。成功や出世を望んでいる人や、運気の停滞を感じている人は、積極的に人とつながることで、現状を打破していくことができます。

また、ガガによると、直接的なコミュニケーションが減っている今の世の中は、神様への祈りが届く力も弱くなっているそうなのです。自分の心を素直に表現して、どんな人にも真摯にコミュニケートするように意識してみてください。人とうまくコミュニケーションがとれれば、神様にもストレートにあなたの願いが届くようになります。

②面倒を引き受ける

「なんで面倒ごとばっかり私に〜」とか、「大変な仕事ばっかり増えて〜」と思うことが起きたら、龍神からのボーナスチャンスと思ってみてください。

面倒なことが起こった時、「運が悪い」で片づけてしまうのは簡単なのですが、面倒なことというのは、だいたい人のために何かしてあげることのほうが多いですよね。そこがミソなのです。

人間というのは限られた時間の中で生きています。その限られた時間をわずかでも人のために使うというのは、とても尊い行動で、龍神も神様もとても喜びます。当然運気も上がるし、周りの人からの信頼も得られるといった、二つのメリットがあるのです。

僕は『妻に龍が付きまして…』を書き始めようとする時に、住んでいるマンションの管理組合の理事長に選ばれました。

ちょうど大規模修繕の時期と重なって、「なんでこのタイミングなのかな〜」と、しぶしぶ引き受けました。でもやるからには、修繕のためのコストを最小限に抑えつつ、きちんとリニューアルできるように業者さんと話し合うなど、できる限りのことをしました。

実際、面倒なことは多かったです（笑）。でも結果的に、マンションの人たちと仲良くなれたり、喜んでもらえたり、自分自身いろいろよかったな、と思うことがすごくありました。

何よりも『妻龍』が多くの方に愛されるという大きなご褒美になって返ってきたと思っています。このように、面倒なこと、おっくうなことは絶対やっておいて損はありません！

龍神に好かれるラッキーアクション

アクション1 ひらめきをメモる

龍神や神様と仲良くなると、ひらめきという形でメッセージを下ろしてくれるようになります。だから、ペンはどこに行く時も携帯して、ひらめきが来たら書き留めておくといいでしょう。そのひらめきがビジネスチャンスにつながったりすることもあります。

ふと気になったことを書き留めておくくせをつけておくと、感度が上がってくるので、神様ともつながりやすくなります。神様からのサインをメモする努力が神様に伝わるからです。

アクション2 清潔なハンカチを持つ

公衆トイレから出て手を洗ったあと、ハンカチを使わず、パッパッと水をはらっておしまいにしてしまう人が増えているようですが、ガガはそれを見るたびに「あちゃ〜」と思うそうです。トイレに限らず、ハンカチがあればちょっとした汚れを取る時も便利です。

ハンカチを携帯することは、清潔であろう、身だしなみをきちんとしようという気持ちの表れです。神様は不浄が嫌いなので、身の回りはできる範囲でキレイにしておいたほうがいいですね。

あなたと
龍神の仲は？

もっと仲良くしたい時のチェックリスト

龍神や神様は、私たちにいつもサインを送ってくれています。それをキャッチする感度が高いほど、願いが叶いやすくなったり、トラブルを回避できたりするものです。時折、自分の感度をチェックしてみるのもよいでしょう。龍神ともっと仲良くなりたい人は、チェックできなかった項目を実践するようにしましょう。龍神はあなたの願いをサポートしたいといつも思っていますから、うまくいかないことがあるとしたら、自分の心や振る舞いを振り返ってみるのが一番早いのです。

- □考え過ぎず、行動するようにしている
- □基本的に物事はあきらめないし、やり遂げたい
- □最終判断は自分の意思で決める
- □考え方は基本ポジティブ
- □嫌なことが起こっても、気持ちの切り替えができる
- □あいさつを積極的にしている
- □人との会話を楽しむようにしている
- □初詣以外にも神社に年数回は行く
- □お気に入りの神社がある
- □家の水回りはいつもキレイ
- □新鮮な食べ物をいただくようにしている
- □よく運動したり、散歩して体を動かしている
- □ハンカチをいつも携帯している
- □よく笑うほうだ
- □困った時はなぜか助け船が来る
- □直感に従って行動するほうだ
- □面倒なことでもやってみる
- □ありがとうとよく言うし、言われる
- □計画通りに進まないことがあっても、まあいいかと思える
- □好きな人に囲まれていることが多い
- □損得よりも好奇心から行動する
- □なんだかんだ言っても幸せだと思う
- □神様のことを信じている

23～20個
龍神とつながる感度は最高！

その調子なら願い事もすいすい叶いそう。水回りは徹底的にキレイに。神様からのメッセージを受け取ったら積極的に行動していきましょう。いいことがあったらたくさん喜んで。龍神はもっと後押ししてくれます。

☆もっと開運するコツ☆

家や会社の近くの神社に参拝に行き、神様の名前を覚えてみましょう。さらなるご縁をいただけるはず。

19~12個
感度は良好です

龍神はあなたを好意的に見てくれています。よほどのことがない限り、サポートしてもらえそうです。調子に乗らず、甘え過ぎずに気を引き締めていきましょう。

☆もっと開運するコツ☆

会社からの帰宅時にひと駅歩くなど、今より積極的に体を動かすようにしてみるとますます運気が上昇します！

11～5個
感度は下降気味です

周りの人とのコミュニケーションを見直してみると運気が回復します。できることをどんどん行動に移していくと運気が上がってきます。一度ゆっくり神社に参拝してみるのもよいでしょう。

☆もっと開運するコツ☆

誰かと会話をしたら、最後にニコッと笑顔を送りましょう。相手からも笑顔が返ってきたら運気アップ間違いなし！

4個以下
感度はなくなりそうです

体が疲れているようだったら、ゆっくり休みましょう。お笑い番組を見て笑ったりするだけでも運気は上がります。部屋の空気の入れ替えを頻繁にしたり、身の回りをキレイにしてみましょう。

☆もっと開運するコツ☆

自然の中でぼーっとする時間をつくってみましょう。自然の浄化力は偉大です。空を見つめるだけでも心と体はリフレッシュされます。

4章 龍神に手紙を書こう！

なかなか願いが叶わない、
と思っている人は、
龍神にあなたの願いがちゃんと
届いていないのかもしれません。
龍神に手紙を書くと、
あなたの本当に手に入れたい
望みが届けられます。

本当の願いを明らかにするために

「我は、ほかの龍神や神様からよく聞かれるのだよ。最近の人間は何を望んでいるのかわからない」と、ガガが僕たちに言ってきたことがあります。その時、僕はその意味をすぐ理解することができませんでした。龍神や神様は神社で毎日のように人々の願いを聞いているじゃないか、と思ったからです。

みんなの願い事の定番というのは、大方こういうものだそうです。「○○大学に合格したい」「○○商事に就職したい」「彼氏・彼女が欲しい」「宝くじの1等を当てたい」「健康になりたい」「幸せになれますように」……。何もおかしなことは、ありません。ただ、ガガが言うのは、これらが本当にその人の望んでいる願いではないことが多いそうなのです。

「幸せになりたいのだから、幸せになれますように」じゃいけないの？と思うかもしれません。どうやら神様も龍神も、もっとあなたの心の奥にある本当の願いを聞きたいそうなのです。

まず、「幸せになれますように」を例にすると、あなたにとって何が幸せなのか、ということ。「なぜ幸せになりたいのか？」「何があれば幸せと感じるのか？」「どんな状態が幸せと感じるのか？」……。そうやって自分に問いかけて自分の本心を導き出していくと、「今一人で寂しいから、毎日笑顔で食卓を囲む家族が欲しい」というような具体的な望みに行き着きます。

「毎日笑顔で食卓を囲めるような温かい家族をつくりたい」、そう言ってくれれば龍神も神様もパーフェクトにあなたの欲しいものがわかるのだそうです。ただ、神社に行った時、とっさにこのような本心からの願いが出てこない人のほうが多いでしょう。そこで、役立つツールが手紙です！　あなたの龍神に向けて、あなたの望みを手紙にしたためましょう。**手紙を書くにつれ、私はこれを望んでいたんだ！と徐々に本当の思いが明らかになり、龍神に願いが届けられます。**

龍神への手紙の書き方

書き出すということは、願いを叶えるうえで、とても役立つ方法です。まず、自分の考えを視覚化することができるので、ぼんやりしていた願望が形となって現れます。頭の中も整理整頓されて、自分はこんなこと考えていたんだと、気づくことも多いものです。考えをアウトプットすることで願望が明るみに出ると、モチベーションも高まります。

手紙を書く時に意識してほしいのは、これから自分がどう動いていきたいかです。だから、「私はどうしたらいいか、教えてください」というお願いだと、龍神は困ってしまいます。龍神はそこを知りたいのです。ガガは「どうすればいいか」ではなく、「どうしたいのか」考えてほしいと言っています。

具体的に自分がどうしたらいいかわからないという人は、「自分はどうなっていきたいのか」「どういうことが好きなのか」「なぜそうなりたいのか」と考えてみてください。「なぜ、なぜ」と自分に何度でも問いかけていくと、必ず答えが出てきます。

☆準備するもの

・便せん・筆記具・封筒（種類は問いません）
・切手

☆やり方

①便せんに願い事や相談を書く
②封筒に入れて、表に自分の名前と住所を、裏には「龍神〇〇様」と自分の龍神さんの名前を書く
③切手を貼って投函

実際に投函しなくても、書き終えた時点で龍神に願いは届けられます。ただ、一度投函してみると新しい発見があるものです。自分宛に届いた手紙は、あなたの中の龍神と一緒に読むことになります。自分で書いたとは思えないぐらい強い思いがこもっていたり、自分の前向きな姿勢に励まされたりしたら、大成功。あなたの龍神にもその思いが伝わるはずです。より龍神に伝わる表現に書き換えてもＯＫです。

手紙の書き方例その1 仕事のお願い

1
龍神さんの名前を入れましょう

2
日頃のお礼を入れると好印象です

3
希望はできるだけ具体的にはっきりと書きましょう

4
どうしてそうしたいのか、理由があるとより龍神に伝わります

5
どんなことを体験したいか、学びたいか、思いを伝えましょう

6
最後に読んでくださったことに対するお礼を書きましょう

龍神〇〇さま

いつも私を見守っていてくれてありがとうございます。


今日はひとつお願いがあって、手紙を書くことにしました。

実は、私は小さい頃からずっと海外で生活したいと思ってきたのです。

でも35歳になるいまだ実現せずにいます。

会社の転勤願いで海外を希望しましたが、国まで選ぶことはできません。

私はフランスに転勤したいのです。

なぜフランスがいいかというと、フランス語を15年勉強してきたので、それをいかしながら、一生懸命働いて、新たな経験をしたいのです。現地で友達をつくり、空いた時間には、フランスのおいしい食べ物や、ファッションや、美術などの文化をめいっぱい楽しみたいな～と思っています。

どうかフランスに転勤できますように。お願いいたします。


読んでくださってありがとうございます。

2018.3.20
〇〇〇子

POINT

◎手書きが必須ではなく、自分が慣れているスタイルで構いません。
◎形式にこだわらないことです。話が突然変わっても構いません。心配や不安といった心のモヤモヤをそのまま言葉にして、龍神に聞いてもらうような手紙もいいでしょう。心の中にため込んでいたものを外に出すことで、気持ちがラクになったり、答えが見えてきたりすることもあります。
◎手紙の保管方法は、神棚にあげておいたり、手帳に挟んで持ち歩くようにしたりと、自由です。願いが叶った時は、必ずお礼を伝えましょう。

手紙の書き方例 その2

お金のお願い

龍神○○さま

こんにちは。

○○さんとつながってから、毎日ワクワクして楽しい時間が増えています。

ありがとうございます！

ぶっちゃけていいでしょうか。私、5千万円欲しいのです。

一番の理由は、家族6人で世界一周旅行にいきたいからです。

あと、もう両親とも足腰が弱くなってきているので、家をバリアフリーに改築したいのです。

特に浴室にはこだわりたいです。お風呂好きなお父さんがゆっくり足を伸ばして入れるようにしてあげたいと思っています。

どうぞよろしくお願いいたします。

読んでくださってありがとうございます。

2018.4.5

○○○美

1
龍神や神様にお金のお願いをしても構いません

2
お金の時は、特になぜその金額が必要なのか、使い道がわかっていると◎

3
自分だけでなく、周りの人の幸せのためにつながっているお願いは神様が喜びます

手紙の書き方例その3

恋愛のお願い

龍神〇〇さま

いつもそばにいてくださってありがとうございます。

〇〇さまは、もうとうの昔からお気づきだと思いますが、私は取引先のA社の田中さんに1年片思いしています。

正直に言うと、田中さんとお付き合いして、彼女になりたいのですが、田中さんが、どういう人なのかよく知らなかったりもします。

ルックスがめちゃ好みなんです～♥

でもでもやっぱり、私が一番幸せになれる人とお付き合いしたいかな。

それが幸せですよね。それが田中さんだったらうれしいけど、違うようだったら早めに違うステキな人と出会えたらうれしいです！

一緒にいて安心できる、穏やかで笑顔が素敵な男性が希望です！

お願いできますでしょうか。〇〇さまからのサインを楽しみにしています。

読んでいただいてありがとうございます。

2018.5.1

〇〇〇子

1
特定の相手がいる場合は、その人とどうなりたいのか明確に

2
恋愛の難しいところですが、どういう恋愛をしたいのか、相手が特定の相手じゃないと嫌なのか、そのあたりをよく考えてお願いできると、龍神も神様も応援しやすいようです

3
どういう人が自分にとって理想なのかも伝えましょう

手紙の
書き方例
その4

感謝の手紙

龍神○○さま

今日は○○さんへ日頃の感謝の気持ちを伝えたくて手紙に書いてみることにしました。この1か月、どんどん願いが叶っています！

まず、ずっと欲しかった車が手に入りました！ なんと、もう乗らないからといって親戚がくれたんですよ。超ラッキーです。

あと取引先の飲み会に参加したら、その会社のほかの支店の方も来ていて、そっちからも注文がいただけたんです。

○○さまが教えてくれた飲みにケーション、最高です！

昨日も、「疲れたな、コーヒー飲みたい」と思ったら、同僚がコーヒー飲まない？ って買ってきてくれたり、すごいタイミングがいいんです。

やっぱり○○さんのおかげかと感謝しています。ありがとうございます！ これからもよろしくお願いいたします！

2018.3.31

○○○男

これは、ラッキーな出来事を報告するサンキューレターです。もちろん、いいことがあった時、その場その場で喜んで感謝を伝えるだけでも、龍神や神様は大喜びしますが、僕たち人間もあらためて親しい人から手紙をもらったら、うれしいものですよね。時々こんなふうに手紙であなたの思いを伝えると、龍神はもっとやる気を出してくれますよ。自分もどれだけ龍神や神様、周りの人に助けてもらっているかと気づきを得ることもできます。

どんどん願いが叶う
願望のリストアップ法

月一度はリストアップするのがおすすめ

龍神に手紙を書くことのほかに、僕たちが月一くらいのペースでやっているのが、願望のリストアップです。

専用のノートを用意したり、手帳のフリーページを使ったり、自分が好きなものに願いを書き出す方法です。

これは、1か月程度で叶いそうな小さな目標を中心に書いています。

たとえば、龍神への手紙のほうは、「自分がこうなっていきたい」という大きめの目標を書いて、リストアップのほうでは小さめの目標を書き出すなど、メリハリをつけるとよいでしょう。もちろんリストアップのほうも、龍神にちゃんと届きますよ。

どんどん叶っていく楽しさを知る

なぜリストアップのほうでは1か月くらいで叶いそうな願いを書くのかというと、どんどん叶っていく楽しさがあるからです。叶うことに慣れていくと、どんどん叶う願い事のスケールも大きくなります。

マラソンと同じで、ゴールのある遠くの山ばかり見ていても、なかなか到達する感覚がなく挫折しやすい。でも、すぐ先に見える電柱とか建物とかを目標にしながら走り続けていくと、いつのまにか42・195キロという長距離を完走できたりするものです。

はじめから大きいお願いばかりしていると、それに執着してしまって「なんで叶わないの～」となってしまったり、龍神を信じる気持ちが揺らいでしまう人もいるでしょう。願いを叶えるのは神様ですから、龍神から願いが届いたら、大きな願いも神様のほうでタイミングを見ながらちゃんと進めてくれるのですが、人間はそこを辛抱できなくて、願いが叶いそうもない、と勝手に判断し、早々にあきらめてしまいます。だから大きな目標と小さい目標をセットで設定していくといいわけです。

ダイエットでたとえてみましょう。あなたはトータルでは10キロ痩せたいとして龍神に手紙でお願いしました。そうしたら、小さな目標のほうを、1か月マイナス3キロと設定してみます。1か月3キロなら、がんばれば叶いそうだと思いませんか。

何度も言いますが、お願いしてただ待つだけではダメで、運動とか食事制限とか、自分ができる行動をセットで行ってください。あなたが動き出して初めて龍神や神様はパワーを送ってくれるからです。あなたにぴったりのダイエット法と出会うことができたり、夢中になれる運動に巡り合ったり、いいダイエットの本をすすめてもらったり……。その結果、1か月3キロの目標だったのが5キロ減ったというようなことが起こるのです！

願望のリストアップのポイント

◎1か月に1度程度、リストを見直します。叶ったことには、線を引いて消しましょう。龍神と神様に感謝を忘れずに。

◎こういった願い事の書き方には、「～しました」とすでに叶ったように過去形で書くとよいなど、さまざまなメソッドがあります。しかし、龍神によると、どれがよくて、どれが悪いということはなく、自分が好きな語尾でいいそうです。

◎リストアップを続けていると、実はそれほど望んでいない望み、というものに気づいたりします。その際は、遠慮せずにリストから削除します。

例

今月したいこと☆
・温泉に一泊旅行！
・貯金5万円！
・クローゼットを
徹底的にきれいにする
・投資に関する本を3冊読む
・ダイエットでマイナス3キロ
・週1でジムに通う
・1日8000歩歩く
・〇〇の寿司を食べる

新月・満月と神様の関係

昨今では、新月や満月にお願い事をすると望みが叶うという方法もメジャーになっていますが、実は新月・満月は神社の神様とも大いに関係があるんです。

朔日《ついたち》参りや、月次祭《つきなみさい》といった神事は、1日と15日に行われますが、なぜ1日と15日なのかというと、これらが行われるようになったのは旧暦の時代。旧暦は月の満ち欠けによって暦をつくっていたので、旧暦の1日は新月に当たり、旧暦の15日は満月です。古来、日本人は月のパワーを知っていて、新月・満月の時に神事を行って、神様からの恵みをより大きくしてもらっていたのです。今のような新暦では、旧暦とズレがあるため、1日、15日という日付にほとんど意味がなくなっていますが、月の満ち欠けで見れば、今でも新月と満月の日は出生率が上がるといわれていますし、満月の日は殺人事件や自殺などが多いというデータもあります。それだけ月の引力は強力なんです。

では、「やはり新月や満月に願い事をしたほうがいいのか」と、ガガに聞いてみたのですが、こだわらなくていいそうです。新月・満月に願いを書き出すのは、ロマンチックですし、月のパワーもありますから、普通の日より願いが叶いそうな気持ちになれるという人もいるでしょう。「その気になる」というのは、願いを叶えるうえで僕は大切だと思いますから、そうしたい人はそうしたらいいと思います。

ただガガに言わせると、「今すぐ叶えたい願いなら、我々に手紙を寄越しなさい！　我々龍神のパワーは月の満ち欠けに左右されないのだよ」と言っています！　頼もしいですね。スピーディさにかけては、龍神の右に出るものなしです！

Column

ガガの本音 ～生きがいが欲しい龍神たち～

「誰にも頼りにされず、まるで生きる屍《しかばね》のような感じで、ただ生きているだけというのはとても悲しいものだと思わないかね?」と、ガガがらしくもなく、ワカにしんみりつぶやいたことがありました。

龍神は神様の使いですから、人間の魂や祈りを食べて生きているとはいえ、それがなくても生きていくことはできます。

「とはいえ、やっぱり自分が何かの役に立っている実感を得たい。存在価値を高めるものが欲しいのだよ」と。

龍神に対して多くの人間は、強くて壮大で誇り高く、悠々としたものというイメージを持っていると思います。それは真の姿ではありますが、つぶやいたのは、きっと人間を必要としているという本当の胸のうちをわかってもらいたかったのでしょう。

本来、こういうことを言うのは、とても恥ずかしいそうなのですが、僕は龍神とつながっているあなたにも知ってもらいたかったので、こうして書いてしまっています……。

人間も誰かに必要とされることで、年をとっても元気でいられたりします。それと同じで、龍神もできれば自分よりも若い生き物に頼りにされると、元気に生きていけるのだ、と。

僕たち人間と龍神の共存共栄は、単にエネルギーの需要と供給がマッチしているという話ではなく、龍神たちにとっても僕たちにとっても、魂が豊かに成長する生きがいに関わっているんですね。

5章

龍神を味方につけて、収入倍増！仕事で大成功！

龍神と水は切っても切れない関係ですが、
実は水と金運も切っても切れない
関係にあります。
だから、龍神は金運を運ぶのも大得意。
ぜひあやかっちゃいましょう！

どれぐらい持っていたらお金持ち？

ガガによると神社での人間のお願いのトップはなんとお金のこと。でも、龍神にしてみると「金くれ」とだけ言われても、実際のところよくわからないのだそうです。

人間は「お金持ちになりたい」とよく言いますが、ただそうとだけ言われても、龍神としては「お金持ち」の基準がよくわからないということなのです。

人によっては、月に1回温泉旅行に行けるぐらいがお金持ちという人もいれば、ベンツを3台ぐらい所有できるのがお金持ちという人もいる。自家用ジェットがあって、自宅にはプールがある豪邸を持っているぐらいがお金持ちだという人もいる。お金持ちの定義は、100人いたら100あるほど、人によって違うものなのです。

僕は、お金持ちの定義を、自分がやりたいことを、いつでもお金の心配なしでできる人、と考えています。そういう定義を自分で考えてみると、目指すゴールが明確になるし、今、自分がどの地点にいるかもわかります。あとどれだけお金を稼げばいいのか、ということもわかるので、そのために「こういう環境が希望です」と龍神に伝えれば、「なるほど。了解！」となるわけです。

貯蓄についても、1000万あれば安心という人もいれば、1億ないと心配だという人もいる。老後の心配を払拭したいがためにお金持ちになりたいという人もいますが、そういう人は実はお金がなくても、きちんと老後の面倒を見てくれる人が現れたり、国の制度が変わって老後お金がなくても困らない社会が実現したりすると、問題が解決することにもなります。お金の額そのものよりも、自分がどういう環境を望んでいるかを見極めることが先です。その最終目的地さえしっかり見えれば、龍神はいくらでも道を整えてくれますよ。

一生お金に愛される生き方！

金運を高めるためには、日頃の行いを改めてみましょう。
お金を好きになって、お金に感謝しながら使うようになると、
お金の流れが変わり、お金に困らない人生にすることができます！

1 お金は気持ちよく受け取り、気持ちよく払う

物を買う時や、税金を支払う時など、出ていくお金に対して「あーまた減ったよ」「高過ぎるよね」「もう昨日下ろしたお金がない」などと思っていませんか。

実はそういったお金が出ていくことを不快に思う感情が、お金と自分を縁遠くさせています。だいたいお金は自分のために使っていることが多いもの。その代わりに必ず何かを得ているはずなのに、支払うのを「もったいない」と思うのは、矛盾しています。そういう時こそ「また仲間を連れて帰ってきてね！」とさわやかに、気持ちよくお金を送り出してあげると、お金はその人のところにまた帰ってきたいと思うのです。

これは僕自身の体験なのですが、僕はある時お守りのようにお財布に入れていた一万円札を、思い切って豪華な食事に使いました。そして、支払いの時「おいしい食事ができた、ありがとう」と心で声をかけて支払ったところ、金運がグ～ンと上がったのです。

ガガにその話をしたら、「お金はとてもシンプルなもので、金額の大小にかかわらず喜んで迎え、使っ

てくれる人が大好きなのだ」と教えてくれました。

たとえ安月給だとしても、そのお金で家賃が払えたり、コーヒーが飲めたり、生活の支えになってくれているでしょう。まずは自分のところに来てくれたお金には「来てくれてありがとう」とすべて感謝の気持ちで受け取り、支払いも気持ちよくすることを心がけてみてください。自分の中のお金の循環が気持ちよいものになると、龍神は喜んでその循環を広げ、金運を呼び込んでくれるようになります。

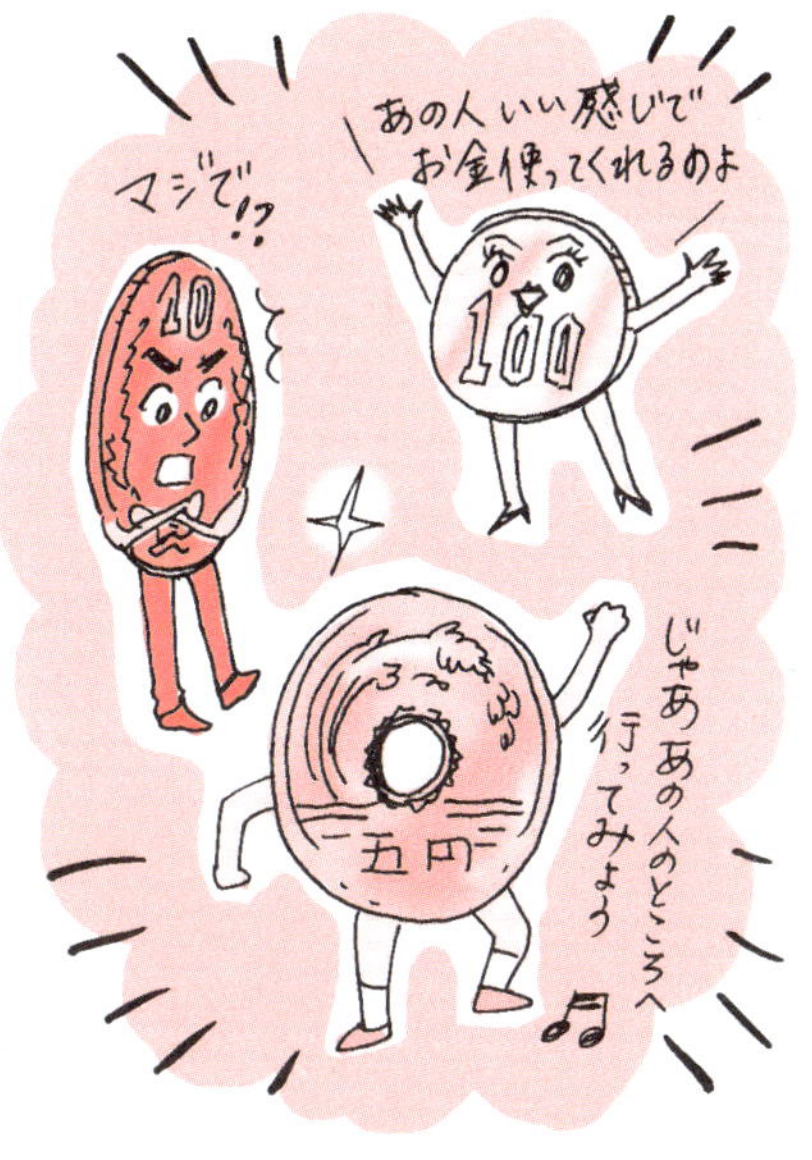

2 お金大好き、もっと欲しいとアピールしよう

どういうわけか、日本には「お金を欲しい」とあからさまに言うのは、はしたないとか、質素や清貧をよしとする美学があります。お金がないとみんな困るはずなのに、「お金大好き！」と言うのは恥ずかしいと思っている人が多いようです。まず、お金は決して恥ずかしいものではありません。友人でいることが「恥ずかしい」だなんて思われている人のところにわざわざ行きたい人はいません。お金も同じです。人様の前でことさら「お金大好き」アピールをしなくてもいいのですが、金運を上げたいのであれば、自分の心の中ではちゃんと「お金が好き」「お金があって助かっています」など、「好きだよ」と

いう肯定的な気持ちを持つようにしたほうが断然お金にも好かれます。

また、「お金は自分が食べられる分だけあればいい」などと、欲のなさをアピールするのは、ガガによると、「努力が嫌いな成長しない人間の言うセリフ」なのだそう。「欲がなければ人間の成長は止まる。人間は欲があるから努力するものだ。今より稼いで、もっとでかい家に住みたい、いい車に乗りたい、それでいいのだ！」と言っています。自分に制限をかけて願い事を小さくしてしまったり、これ以上いらないなどと言っていると、もう願いは叶えなくていいのだな、と龍神も勘ぐってしまうのだそうです。

3 お金は自分だけではなく、人のためにも使おう

神様は誰かを喜ばせる人間が大好きです。人を笑顔にできる人というのは、龍神の食糧であるおいしい魂を増やすことにもなります。そして、お金を人のために使うことができる人も、龍神や神様は大好きなのだそうです。

特にお金というのは人のために使うのは惜しいと思いがちではありませんか？　でも、人にしたことが自分に返ってくるのがこの世の中の法則です。人のためにお金を使えば、自分のためにお金を使ってくれる人が増えるということになるのです。

ただし、龍神は人に使う時の順番が大切だと言っています。たとえば、人のためになるといって寄付やボランティアをすることは、とても素晴らしい行動だと一般的に認識されていますよね。でも、人助けをするならば、まずは身近な人を幸せにすることが先だそうです。

親、兄弟、親しい友人といったごく身近な存在を犠牲にして、幸福は成り立つものではありません。

その優先順位を間違ってしまうと、せっかく寄付やボランティアをしても、ただの自己アピールになってしまいます。龍神や神様はそこをちゃんと見抜いていますよ。

4 お金の住まい、お財布は自分の好きなものを使おう

金運をよくしたければ、自分の好きな財布を選ぶ。これに尽きます。

自分が気持ちよく使える財布にこだわると、2018年は特にいいとガガも言っています。

世間では、長財布がよくて二つ折りはダメとか、黄色の財布がよいなどさまざまなことをいわれてますが、一番大切なのは自分の気持ち。

本当に黄色が好きで、黄色のお財布を持っていると気分がいいのだったらもちろん構いませんが、本当はピンクが好きなのなら、ピンクのお財布を持ったほうがいい。自分の快適さを基準にしましょう。

すべてのものに神が宿ると日本人は言いますね。お財布にも、お金にも魂があり、神様が宿っているのです。特にお金の神様はいろいろな人のところを回っていて、うわさが大好き。気に入ったお財布に入れてもらって気持ちよく使ってくれた人のことをお金の神様同士うわさして「あの人のところにいくといいよ」と教え合っているのだそうです。

5 給料や報酬は相手の満足料だと心得よう

「お給料を上げるにはどうしたらいいか？」「もっと稼ぐためにはどうしたらいいか？」多くの方からいただく質問です。ガガに聞いてみました。

すると、「仕事の利益とは、どれだけ相手を喜ばせたかで決まる。要は満足料なのだ。だから、世の中に喜びや笑いをたくさん提供できた人は、それだけ報酬が大きくなるがね」と言うのです。

つまり、世界的な歌手だったり映画スターだったり、喜ばせる人の数が多い人ほど大きな報酬を得ることができる。これも世の中の一つの法則です。

ただ、誰もがいきなり人気歌手や俳優になれるわけではありません。でも、法則は等しく誰にでも働いていますから、まずは自分が受けている仕事を誠心誠意行って、どれだけクライアントに満足してもらえるか考えてみるのです。サラリーマンだったら会社があなたの働きぶりにどれだけ満足しているかを意識してみるのです。お金を支払ってくれる相手の満足度を高めていくことが、お給料や報酬をアップさせる一つのコツになります。

また、「サラリーマンだから、いくらがんばったって給料は変わらない」などと考えているとしたら、とてももったいないことです。

お金はお札や硬貨だけでなく、自分の心を幸福感で満たしてくれる豊かさだと捉えてみましょう。誰かに食事をごちそうになったり、貴重な情報を教えてもらったり、一緒に楽しい時間を過ごすことも、ありがたい幸せな、豊かさの表れです。お金はそんなふうに形を変えてやってくることもあります。そのようなラッキーにたくさん気づけると、龍神はもっと幸運を運んでくれるようになりますよ。

column

成功したいのなら、プロセスは我々に任せるがね！

神様にお願い事がある時は、手段ではなくゴールを明確に伝えましょう。知人が起業資金として100万円欲しいからと、神社の神様に100万円お願いしたのです。でも、本当の願いは、事務所を整えて新しい仕事をすることのほうで、100万円はあくまで手段ですよね。それに気づいて、そのようにお願いしなおしたら、後日スポンサーが現れて事務所も提供してくれたそうです。神様はあなたにとってベストの方法を選んでくれますから、プロセスはお任せしたほうが早く願いが叶うのです。

また、宝くじの１等を当てたいという願いは金運の願い事の定番ですが、統計学的には１等が当たる確率は1000万分の１だとか、交通事故にあう確率より低いだとか、非常に難しいものだといわれています。

ガガは、「もっと確率の高いものをやったほうがいいがね」と言っています。

では、確率の高いものとは何かというと、人のために何かをしてあげることなのです。

自分が振りまいた徳で、その礼が返ってくる確率のほうが高い。つまり、宝くじより何百倍もリターンが大きいのですね。

龍神秘伝

金運アップアクション

①水道水で清めた硬貨をお賽銭にする！

水道水で硬貨を洗って、清めたコインをお賽銭として使うと、その気遣いに神社の神様はとても喜んで、金運が上がります。お賽銭の金額は気にしなくいいともガガは言っています。妻のワカはここぞという時は100円玉5枚と5円玉1枚の505円を入れるそう。なぜ500円玉ではなく、100円玉5枚なのかというと、500円玉だとそれ以上大きな硬貨はないので「先がない」を避けるため。5円はご縁があるように。あなたなりの思いを込めたお賽銭を納めてみましょう。

②小さな幸運を喜ぶ！

「私は金運がない」とか「くじ運がない」などと言っていると、その言葉通り「ない」人になってしまうとガガは言っていますよ。

誰でも小さな幸運を日々経験しているものです。そういう小さな幸運を自分から探してみましょう。

電車がタイミングよくホームに入ってきたとか、コンビニに飲みたいジュースがあったとか。小さなことでも「ラッキー!」と実感することが大切です。小さな幸運の積み重ねが大きな幸運を引き寄せてくれます。グッドラック！

貧乏神がつく

NGアクション

①うそつき、お金をごまかす

お金のごまかしはどんなに小さな額でもNGです。特に2018年は、うそがあばかれる傾向があり、小さなごまかしも明るみに出るそう。たとえば、無人の簡易入浴場や野菜の即売所などで、誰も見ていないからとお金を払わないで済ませてラッキーと思っていても、神様はちゃんと見ています。ほんの出来心といいますが、そういう心に従ってしまうと、チャンスが巡って来なくなったり、ピンチの時に救いが来なかったりしてしまいます。誠実でいるという心がけが幸運を運んでくれますよ。

②金の貸し借り

ガガは、ビジネスでない限りお金の貸し借りはいいことがないと言っています。

特に友達同士の金の貸し借りは友情が壊れる可能性が大きいものです。友達が食うのにも困っているというなら別ですが、そうでなければやめたほうが無難です。とても仲がよい友達だと無下にするのは残酷な気持ちがしてしまうかもしれませんが、お金の縁が人の縁をつなぐこともあれば、その反対もあるということです。だから、大切な友人ほどお金の貸し借りはしないほうがいいでしょう。状況によりますが、仕事の紹介をしてみるとか、友達が自分でお金を生み出す方法を一緒に考えてあげたほうが互いのためです。お金をどうしても貸すなら「くれてやる」という気持ちで渡したほうがいいでしょう。

貸したお金が返ってこないと、「自分は悪くない」と思ってしまうかもしれませんが、その相手を信用した自分の責任です。返ってこなくても自分のせいで、相手のせいにはしないこと。自分の判断ミスを受け入れて、次から同じ失敗をしないようにしましょう。

ガガ&黒龍さんの恋愛指南
龍神パワーで、恋と結婚を引き寄せる！

人と人の仲を取り持つことが使命である龍神にとって、実は良縁を結ぶお手伝いも大得意！ガガと黒龍さんに恋愛指南をお願いしました。

まず、良縁とは何かということからお話しさせてください。

龍神にとっては、あなたが末永く幸せを感じられる相手と一緒になることこそが、良縁成就。それは大得意分野です。あなたが純粋に「私は結婚して幸せになる！」という願いを持っているとしたら、いい人を導いて幸せな結婚ができるよう全力でサポートしてくれることでしょう。

ただ、黒龍さんが教えてくれたのですが、「今の彼と結婚したい」など、特定の相手との結婚や恋愛成就を願っている場合は、その通りいかないこともあるらしいのです。

なぜなら、龍神にはあなたの未来が見えます。もし「今の彼」と一緒になったら、苦労ばかりであまりよくないことがわかってしまったりするのです。すると、「幸せになれる可能性が低い相手とくっつけてしまっていいのか？」と大いに頭を悩ませることになります。

龍神というのは、あなたが腹をくくった本気の

ガガの恋愛・婚活指南　七か条

一、本当に結婚したいのか？　なぜパートナーが欲しいのか？　よーく考えてみるがね！

二、今結婚や将来に迷っているのなら、シニアになった時どんな人生を歩んでいたいか考えるがね！

三、理想の相手を思い描き過ぎると、縁を見逃すことになる。周りの人をよーく見てみたまえ！

四、自分の最低限の条件を理解して、折り合いをつけていくがね！

五、誘ってくれる相手は、すぐ袖にせず、一度向き合ってみるがね！

六、結婚は相手に幸せにしてもらおうというものではない。一緒に幸せになる気持ちが大事なのだよ！

七、自分が龍神にしたお願いは届くものと心得よ！　いつ相手が来てもよい準備をしておくがね！

望みであれば、なんとしてでも叶えてくれようとするものです。こんなふうに、もしあなたが好きな相手がいるにもかかわらず、相手との仲が進展しないというような状況にあるとしたら、あなたについている龍神が何かの理由で足踏みをしているのかもしれません……。

龍神へのお願いの前に、ここで一度問うべきは、自分の本当の気持ちです！

まず、今の彼と一緒になれるのだったら、どんな結婚生活になろうとも受け入れる覚悟があるかどうか。それとも相手はほかの人でもいいので龍神にお任せして、自分が幸せをいっぱい感じられる結婚生活を送りたいのか。そこをしっかり考えてみてください。

恋人に振り回され続けていたり、我慢が多い恋愛をしている人も、同じです。一度自分の心に問いかけてみるとよいでしょう。

あなたの本心からの答えをあなたの龍神に伝えてみると、何かしらの展開が起こってきます！

「いい出会いがありません」

ガガは、自分で「ご縁」に気づく能力を高めよ、と言いたいのでしょう。

地球上には80億もの人がいて、その中で出会う人というのは、ほんのひと握り。街ですれ違うだけであっても奇跡的だと思いませんか。

「袖触り合うも多生の縁」ということわざがありますが、本当にそういう気持ちでいると、毎日出会いだらけになります。仕事をご一緒する人はもちろんですが、買い物した時の店員さんとか、レストランで隣の席になった人とか、電車で隣に座った人とか、ちょっとした出会いに感謝の気持ちが湧いてきたりします。

いい人がいない、出会いがないと言っているのは、自分中心に考えているから。それってとてももったいなくて、あなたが仕事やプライベートで出会う相手からも「いい人がいない」と思われてしまっています。

ご縁は鏡のようなもの。自分が「いない、いない」と言っていたら、その言葉通り、いい人が来るわけありません。

あらゆる出会いに「感謝する」。自分の恋愛には関わらない相手だと思っても、そういう小さな心がけによって自分が変わるだけで、周りの景色は変わってきます。

それに、人と人との縁結びが得意な龍神にしてみたら、どんな人と引き合わせても「ご縁をいただけて感謝だな」「ありがたいな」と思って喜んでくれる人は、サポートする側として、ものすごくうれしい。そういう人には、「では、こういう男はどうか」「こういう男もなかなかいいぞ」と、手を変え品を変え、さまざまなご縁を運んでくれるようになるものです。

「イケメンのお金持ちと結婚したい！」

OK！
まったく
問題ありません！

大いにOKだと言っていますよ。ただ、お金持ちでイケメンを派遣したら、ちゃんと気づいて声をかけるように！とガーガー言っています（笑）。

どうやら、龍神たちの間で「イケメンでお金持ちと出会いたい」とお願いされて、その願い通りの人を寄こしたのに、まったく気づかない人間が多いと不満が憤出しているようです。イケメンでお金持ちを待っていると言いながら、自分はそういう人とはつりあわないと思って逃げてしまう人が多いのでしょうね。

龍神にしてみると、「それだったら最初から言わないでくれよ。連れて来るのも苦労するのだよ」と思うのは当然です。

恋愛に限らず、龍神に何かをお願いすると、ものすごい早さでお届けに来ることがあります。心の準備ができてない人は気をつけましょう！　龍神にお願いする時は、今すぐ受け取っていい望みを伝えて、来たら迷わずチャンスにのっかること！　それが幸運を呼ぶ鉄則です。

イケメンの
お金持ち

「運命の相手に出会いたい」

出会えるぞ。ただし、運命の相手は一人ではない！

たとえば、空から地上を見て、あなたの運命の相手がどこにいるのか、と探してみると、もうたっくさんいるのだそうです。

龍神のいう「運命の人」のとらえ方は、老若男女問わず、人間同士という意味です。

パートナーになる人というのは、その中から、互いが最適なタイミングで、学びや、人生の喜びを分かち合って満たされる相手。そういう人と引き合わされることになります。

もしかすると、それまでただの友達だった相手がパートナーとしてふさわしい場合もあります。途中から相手との関係性が変化することもあるので、ほとんどの人はごく近くに運命の人がいるようです。だから、そういう相手を求めて旅に出るのはナンセンスと言っています。

「婚活がうまくいきません」

本当に結婚したいのか、一度自分に問いかけてみましょう！

口で「結婚したい」と言っていても、胸のうちはわかりません。もしかしたら、あなたは過去に変な男にだまされたトラウマがあったり、ひどい振られ方をして心に傷が残っていたりするかもしれない。「もう年だから」と思って自分に自信が持てないのかもしれない……。ですから、難しい悩みではありますが、ガガが言うのは、「ハートの鍵を開けられるのは、我々龍神ではなく、自分であるぞ」とのことなのです。

もしあなたの心に過去の恋愛における傷が残っていたとしても、今の自分に自信が持てないでいるとしても、その扉を開いて、「結婚して幸せになる」と本気で決めることは自分しかできない、ということです。

自分は本当に結婚したいと思っているのか、自分にしっかり聞いてみてください！　何か引っかかっていることが見つかったとしたら、そのブロックは自分ではずすほかありません。

龍神は人間が本当のところで望んでいることをサポートして、押してくれます。

あなたが勇気を出して前に進むと決めたら、「全力でサポートする用意はいつでもできている！」と言っていますよ！

6章 神様×龍神ダブルの力でもっとハッピーになる

龍神のバックアップとさらにその先の神様も味方につければ、願いの叶い方がもっとパワーアップします。

神様に気に入られるには、まず神様のことを知って好きになることから始めましょう。

龍神は上司である神様をもっとみんなに知ってほしいと思っている

ガガたち龍神は、「眷属《けんぞく》」と呼ばれる神様のお使いです。龍神は、人間の願いを神様に届けたり、神様の命令を受けて人間の願いを叶えたりする後押しをしているわけで、龍神にとって神様は、会社の上司といった存在なのです。だから、龍神は自分たちの上司である神様のことを「もっと人間たちに知ってほしい！」と思っています。

人間が神様のことを知ると、龍神たちは人間の後押しをしやすくなって、その結果、龍神も神様からかわいがられるのだそうです。しかし残念なことに、神様に願い事をたくさんするわりには、初詣の時ぐらいしか神社に行かないという人が多いのではないでしょうか。

また、ガガは神様からこんな話を聞いたそうです。「人間は、自分の願い事ばかり考えている。自分の行く神社や神様の成り立ちをあまり知らんらしい。我々神様のことを意識している人はほとんどいないのじゃ。寂しいことじゃ」と。

どうですか？　皆さんも心当たりがありませんか？　どんなにたくさんの人が神社に参拝に来ても、自分を意識してくれなければ、神様だってがっかりしますよね。願い事をされても、やる気をなくしてしまいます。神様がやる気をなくしたら、龍神だって願い事を取り次ぎづらくなってしまいます。

神社に参拝に行く時は、まず「この神社の神様はどなたかな？」と関心を持って調べてから行くようにしましょう。それだけで、神様との距離がぐっと縮まります。また、自分の好きな神社や特定の神社に日頃から通って、いろいろな神様に顔を覚えてもらうのもポイントです。なぜなら、知らない人より「いつも来るこの人間の願いを叶えてやろう」って神様にヒイキしてもらえるからです。

神様はいつだって「人間のために何かできることはないか」と考えています。

神様・龍神・人間はお互いに与え合う関係

コンビを組んだ人間が神様に気に入られれば、龍神もほめられます。

神様も龍神も人間の〝祈り〟によって生み出され、人間のワクワクした魂を食べて生きています。お返しに、人間を現実社会でサポートしてくれます。人間の祈りがなければ、龍神も神様も自らの力を保つことができません。つまり、神様・龍神・人間は、互いに幸せを与え合うＷＩＮ－ＷＩＮの関係なのです。

龍神は、常に人間と神様の間を行き来して、神様界と人間界をつないでくれています。だから、龍神と仲良くなると神様に願い事が届きやすくなるというしくみはもうご存じですね。龍神が届けてくれた願いが神様の目に真っ先に留まるよう、神様のことも意識してみてください。

神様は人間の感謝の気持ちもエネルギーになります。願いっぱなしではなく、神様への感謝の気持ちも忘れずに！

神様に好かれると神様ネットワークも高速化

龍神はいろいろな得意分野の神様同士を結ぶ連絡係。

日本には「八百万《やおよろず》の神」といって、ビックリするほどたくさんの神様がいます。古くから日本では、どんなものにでも神様が宿るという考え方があり、海、山、川、そして道端の石ころにだって神様がいるのです。古事記に出てくる神様だけで３２１柱いますし、徳川家康や菅原道真のように死んだ人を神様として祀ることもあります。このたくさんの神様たちがネットワークを組んで、人間の願い事を叶えてくれています。神様たちは性格も得意分野も違います。龍神は、神様と神様の間を自由に行き来し、一人ひとりの願いに合った得意分野を持つ神様に人間の願いを届ける役目もしています。多くの神社にあいさつに行っている人は、龍神が届けに行った先々で神様が「ああ、あの子の願いね」と、ピンとくるので、ネットワークも高速回線で結ばれます。

知っているとご利益が違う！
神社&神様のこと

神様と龍神にダブルで後押ししてもらうためには、日本の神様と神社のルールを知っておきましょう。かつては僕も神社の作法をまったく知らず、ガガに怒られていました。僕は、神社に行ってただお賽銭を入れて、拍手を打ってお願いすれば、神様は願い事を叶えてくれると思っていたのです。神社がどんなところで、そこにどんな神様がいるかなんて、気にもしませんでした。夫婦そろって服装、神様に対する礼儀、参拝の作法、どれをとってもダメダメだったのです。もちろん、その頃は、いくら祈っても願い事は叶いませんでした。

でも、ガガに神社のルールを教わって、素直に従った結果、龍神や神様とのコミュニケーションを深めることができました。神社は龍神の上司である神様がお住まいになっているところです。それが日本にはなんと約8万社もあるのです。神様に会いにいける場所がこんなにたくさんあるってすごいと思いませんか？　日本は神社という神様と人間を結ぶ最強のインフラが整っているので、神様が喜ぶ正しい参拝方法を身につければ、神様とすぐに仲良しになれます。

ここでは、皆さんがすぐに実践できる「参拝の心構え六か条」をご紹介します。昔の僕のように「神様のことも知ってるし、お賽銭も十分ご縁があるように十五円入れてるし、二礼二拍手一礼でお祈りしてるから大丈夫」的な方、もしいましたらもったいないですよ。改めて、龍神が教える参拝方法を確認してみてください。

龍神直伝

参拝の心構え六か条

1. 参拝する神社の神様を知っておくべし

人間も自分に好意を持って知ろうとしてくれる人がいたらうれしいですよね？　神様だって同じ。自分のことに興味を持って知ろうとしてくれたら単純にうれしいのです。自分のことを知っていて頼りにされたら、神様だってやる気がでます。神社の由来をサラッと読むだけでも、ご利益がぐんと違ってきますよ。

2. 産土《うぶすな》神社、氏神神社を大切にするべし

産土神は自分が生まれる前から自分を守ってくれている「親」のような存在です。氏神は、今住んでいる場所を守ってくれている神様です。やはり一番大事にすべきは生み育ててくれた親であり、近くで自分を守っていてくれる神様です。いくら有名な神社にお願いしても親代わりの神様を大事にしていない人は、神様も積極的に助けてくれません。まずは身内の神社を参拝しましょう。

3. 参拝マナーを守るべし

神社は神様がお住まいになっている聖域です。神様に敬意を払う気持ちが大切です。「二礼二拍手一礼」がただ形式だけになっていて心がこもっていなければ神様には伝わりません。服装や鳥居のくぐり方、手水舎でのお清めなど、神社のしきたりを守るだけでなく、神様への感謝の気持ちを忘れないようにしましょう。

4. 神様には大いに媚びを売るべし（笑）

せっかく神社の神様に会いにきたのですから、たくさん媚を売って帰りましょう（笑）。神様は誠意を持って願えば応えてくれますよ。たとえば、あなたが会社の上司だったとして、二人の新入社員のうち自分にやたらと懐いて頼ってくる人と、あいさつくらいしかしない人、どっちがかわいいですか？　誰だって自分を好いてくれるほうをヒイキしてしまうものです。本殿でササッと参拝して終わり！ではなく、神社の隅々までゆったり巡り、心から祈りましょう。

5. 〝祈る〟とは〝意《い》を宣《の》る〟ことなり

祈るというのは、神社に行って手を合わせて願い事を念じることではありません。「祈る」は「意を宣る」こと。つまり、神様に対して自分の意思を宣言することなのです。自分が何をしたいのか、何を望むのか、神様の前で宣言し、それを実行することで初めて願いが叶います。神社に行ったら声に出して、神様に自分の望みを宣言しましょう。そして、72時間以内に行動に移しましょう。

6. 神様には愚痴をこぼしてもよし

何度も神社に行って神様と仲良くコミュニケーションできるようになったら、神様に愚痴をこぼしたって構いません。友達や家族にも言えないことだって、神様はしっかり受け止めてくれます。トラブルや壁にぶつかった時こそ、神様を頼ってみては？「困った時の神頼み」ではありませんが、神様に愚痴を聞いてもらうと、なぜかすっきりして、自分の進むべき道が見えてきますよ。

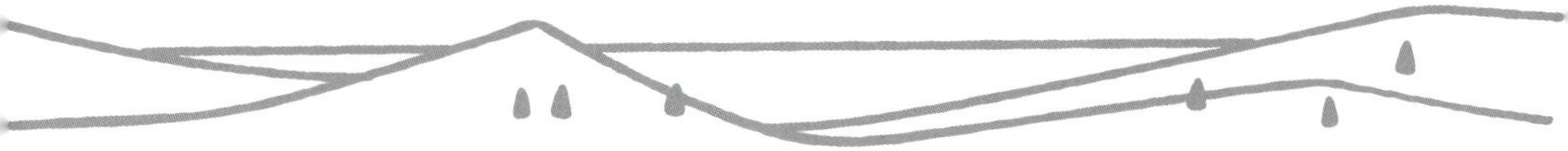

神社の種類

神社は自分との関係で3つの種類に分けられます。このうち産土神社、氏神神社へは、日頃からごあいさつに行くことをおすすめします。

産土神社

自分が生まれる前後に一番長くお母さんと一緒に過ごした土地にある神社のこと。産土神は自分がお母さんのお腹の中にいる時から、この世を去るまでずっと守ってくれる神様です。親と同じような存在なので、自分にとって最も大切な神社です。その神社がなくなってしまったとか、遠くて行けないという人は、ほかの神社に行った時「産土神様ありがとうございます」と言えば、ちゃんと伝わります。

氏神神社

昔は「氏神」といえば、自分の先祖や一族を守ってくれている神様をさしました。それは氏を同じくする一族が同じ土地に住んでいたからです。現代では、氏神は自分が住んでいる地域を守っている神様と考えて構いません。生まれた時からずっと同じ場所に住んでいる人は、産土神社と氏神神社が同じになります。たとえば、ワカは仙台の愛宕神社が産土神社であり氏神神社でもあります。

崇敬神社

住んでいる地域や血縁的なものとは関係なく、自分が個人的に好きな神社や相性のよい神社をさします。大きな神社や有名な神社でなくても、自分が好きで毎年お参りするような神社は崇敬神社です。崇敬神社をまだ持たないという人は、いろいろな神社に足を運んで「ここにいると気持ちがいいな」「この神社が好き」という感覚のある神社を見つけてみましょう。

神事がある日の参拝がおすすめ

神社には毎月1日のお朔日参りや、月次祭といった縁日やお祭りがあります。月次祭は神社によって日程が違いますが、1日と15日に行うところが多いようです。神社はいつ参拝してもいいのですが、このような神事が行われる日にお参りすると、神様の機嫌がいいので願いを叶えてくれる確率も高くなります。僕たちも1日と15日は意識して神社に行くようにしています。

また、お神輿が出るような大きなお祭りの日に神社に行くのもいいですよ。祭りってワクワクして楽しいですよね。だから、弾む魂が大好きな神様もテンションが上がっています。ノリノリで願いを叶えてくれるかもしれませんよ。

我らの上司を紹介するがね

神様を知ろう

一神教の外国の神様（GOD）は、この世を造った全知全能の存在です。しかし、日本の神様は決してパーフェクトではありません。失敗もすれば悩んだりもします。そして、同じような悩みを持つ人間を助けようと、それぞれの得意分野（御神徳）で願いを叶えてくれるのです。神様それぞれの個性や性格、得意分野を知ると、親しみがわくだけでなく神社に会いに行きたくなること間違いなし！　日本には数え切れないほど多くの神々がいます。その中でも龍神と縁の深い「古事記の神様」から、代表的な神様をガガが紹介してくれました。

日本国民全員の氏神様

太陽の神様で、日本の最高神だ。アマテラスは太陽の光を世界中の生きとし生けるものすべてに平等に注いでいるのだよ。太陽のような「笑顔」や「笑い」が大好きだ。古事記では「わらい」を「咲い」と記している。大地の恵みで花が咲くように、小さな種を花開かせてくれる神様。伊勢神宮や全国の大神宮、神明社でお祀りされているがね。

ご神徳

国家安寧　五穀豊穣

生命力向上　勝運　開運

イザナギ

神生みを行った神々の父

感情に流されて失敗を続ける困った男。だが、「失敗は成功の元」というのを証明してくれる偉大な神様なのだよ。イザナギは、死んだ妻イザナミを追いかけて黄泉の国まで行って大失敗したのだが、川で禊をして、アマテラスをはじめ崇高な神々を生んだのだ。また、黄泉の国から戻ったことから、長生きしたい人や新たなものを生み出したい人にも頼りになる神様だ。多賀神社、伊佐須美神社、三峯神社、江田神社などにお祀りされているがね。

ご神徳

事業成功　延命長寿　子宝安産
出世開運　大漁豊作

オオクニヌシ

心優しい縁結びの神様

神様界きってのモテ男で、たいへんな子だくさん。なんと181柱もの子がいるのだよ。もちろん妻もたくさんいる。このモテモテぶりで、人間界では「縁結びの神様」として頼られているがね。縁結びといっても男女の仲だけではない。人の縁、仕事の縁、家の縁などなど。あらゆる縁を結んでくれる神様なのだ。願い事のカバー範囲が広くて頼りになるがね。出雲大社や神田明神、気多神社、大國神社などにお祀りされているがね。

ご神徳

縁結び　金運　夫婦和合　子授け
商売繁盛　病気平癒

スサノオ

勇敢な神様界のヒーロー

ヤマタノオロチを退治したことで有名だが、死んだ母に会いたいとワンワン泣いたり、姉のアマテラスに疑われて暴れたりする問題児でもあったのだ。しかし、年を重ねるにつれ、知性と品格を身につけ素晴らしい成長を遂げたのだよ。神話の英雄として所願成就のご利益があるとされる。その力で疫病神をも味方に付けて厄を祓いのけてくれる。須賀神社、氷川神社、八坂神社、祇園神社などにお祀りされている。

ご神徳

厄除け開運　学問向上
五穀豊穣　縁結び

タケミカヅチ

雷を司る戦いの神様

火の神の血から生まれた武神だ。勇猛果敢な雷電の神でもある。荒々しいがイイ男でな。オオクニヌシと話し合って国譲りの交渉に成功した神様でもある。強くなりたいと望む人間は彼の力を借りるとよいがね。スポーツや勝負事と相性のよい神様。総理在位期間No1.の佐藤栄作もタケミカヅチをお祀りしている鹿島神宮を熱心に参拝していたのだ。ほかにも鹽竈《しおがま》神社、春日大社、春日神社などにお祀りされているがね。

ご神徳

勝運　武芸向上　国家鎮護
旅行安全　事業成功

サルタヒコ

行くべき道を拓く導きの神様

アマテラスの孫、ニニギノミコトが高千穂峰に降り立った「天孫降臨」を手伝った神様だ。人の行くべき道を拓き、迷わないよう道を光で照らし案内してくれるのだ。龍神たちと仲良しで、われも困ったときはサルタヒコに相談するのだ。鼻が長く、背が2メートルくらいあったことから天狗と呼ばれることもある。進むべき道や良い方位を教えてくれる御神徳があり、猿田彦神社、都波岐神社、白鬚神社などにお祀りされているがね。

ご神徳

道ひらき　交通安全
方位除け

アメノウズメ

日本最古のダンサー

彼女のキーワードは「開放」。アマテラスが天岩戸《あまのいわと》にこもった時も、胸まであらわにして踊り、神々を笑わせ、アマテラスに戸を開放させた。笑いの力を教えてくれた神でもある。のちに「導きの神」といわれるサルタヒコと夫婦になったのだよ。日本最古の踊り子であったことから、「芸能・習い事の上達」「魅力アップ」などの御神徳があるのだ。戸隠神社火之御子社、志波姫神社、芸能神社、荒立神社などにお祀りされているがね。

ご神徳

芸能上達　武芸向上　魅力向上
夫婦和合　縁結び

龍神に聞いた

神様が喜ぶ参拝マナー

今から800年ほど前の鎌倉時代につくられた「御成敗式目」という国の法律の第一条に次のような一文があります。

「神は人の敬によりて威を増し、人は神の徳によりて運を添ふ」

これはまさに「神様は祈りによって強くなり、その見返りに神様は人間に運を授けてくれる」という、龍神がいつも言っていることと同じ意味です。神様・龍神・人間の関係を熟知していた昔の人が残した神社のルールを理解して、正しい参拝方法でお願いすれば、神様も龍神も喜んでくれます。

鳥居をくぐる

参道の中央は「正中」といって神様が通られる道です。「参道の真ん中は歩かない」というのが神社のシキタリです。鳥居の前で軽く一礼したら右か左に寄って歩きましょう。

手水舎《ちょうずや》で清める

手水舎はただの手洗い場ではありません。ここで手を洗うのは、神様にごあいさつに行く前の禊の意味があります。拝殿に行く前に次の手順で必ずお清めをしましょう。

1. 右手に柄杓を持って水をすくい左手を清めます。
2. 左手に柄杓を持ち替えて、右手を清めます。
3. 再び右手に柄杓を持ち替え、左手で水を受け口をすすぎます。口に含んだ水は足元の溝に出します。
4. 最後に、柄杓を立てて残りの水で、柄杓の柄を洗い流します。

社殿で拝礼をする

拝礼の仕方は「二礼二拍手一礼」が基本です。

出雲大社や宇佐神社の「二礼四拍手一礼」など、神社によって拝礼の作法が違う場合は、その神社の作法に従いましょう。

神様に対するごあいさつが建前だけにならないよう、心を込めて深く頭を下げましょう。

お祈りは自己紹介ですから、自分の住所、氏名、生年月日をお伝えするのも忘れずに！

①軽く一礼
②賽銭を入れる
③鈴を鳴らす
ジャラ
ジャラ
④二礼
⑤二拍手
パン
パン
⑥祈る
⑦一礼
⑧一歩下がって礼

2回打つ拍手は邪気を祓うため、音が大きいほどよいといわれています。両手を合わせた時、右手を少し下にずらし、手指をそろえ、手のひらを軽く丸めて力強く打ちましょう。

龍神アドバイス

神様にごあいさつする時は服装に気をつける

大好きな人に会いに行く時を想像してみてください。好きな人とデートする時、だらしのない格好で出かけますか？　やっぱり服装や見た目に気を使いますよね。神様に会いに行く時も同じです。特別にかしこまった服装をする必要はありませんが、過度に露出の多い服や、ヨレヨレのジャージなどのうす汚れた格好で神様にあいさつをするのは失礼です。

　肌の露出はできるだけ少なくし、派手なメイクやアクセサリーなども控えましょう。神様に失礼のないよう清潔感のある服装がポイントです。ヒールの高い靴も境内に敷かれた玉砂利を傷つけてしまうので避けましょう。

　僕たち夫婦もかつては、神社に行くのに服装なんてまったく気にしていませんでした。ガガに「おまえたち夫婦のナリはなんだね。神社は聖域だ。少しは神様に対して敬意を払ったらどうかね！　恥ずかしくて穴があったら入りたいがね」と怒られたくらいです。

　今の僕の神社参拝スタイルはだいたい白いシャツです。服装に気をつけるようになってから、神社で感じとる勘が冴えてきました。きっと神様が喜んでくれているからだと思います。

龍神アドバイス

格上の神様から参拝するのが神社のルール

神社にどんな神様がいるかを調べていくと、一つの神社でも複数の神様がお祀りされている場合があることに気づくでしょう。そんな時、どの神様からごあいさつをすればよいと思いますか？

ガガは、神社に行ったら「格上の神様からごあいさつする」のが礼儀だと教えてくれました。僕も、まさか神様に上下関係があるとは思っていませんでしたが、神様がお祀りされている場所によって、どちらが格上かもちゃんとわかるんですよ。

僕たち夫婦がよくごあいさつに行く宮城県の鹽竈神社にも、複数の神様がお祀りされています。

鹽竈神社は、「左宮」「右宮」と二つの拝殿があります。左宮にはタケミカヅチ、右宮にはフツヌシがお祀りされています。二つの拝殿はどちらも南向きです。この場合、太陽が昇る東側にある「左宮」のほうに格が高い神様がお祀りされているのです。ですから、左宮の神様からごあいさつしなければ失礼になります。

格上の神様から順番にごあいさつするだけで、「お、こいつは神社のルールを勉強しておるな」と、神様に好感を持ってもらえます。もちろん願いの効果も格段に違ってきます。

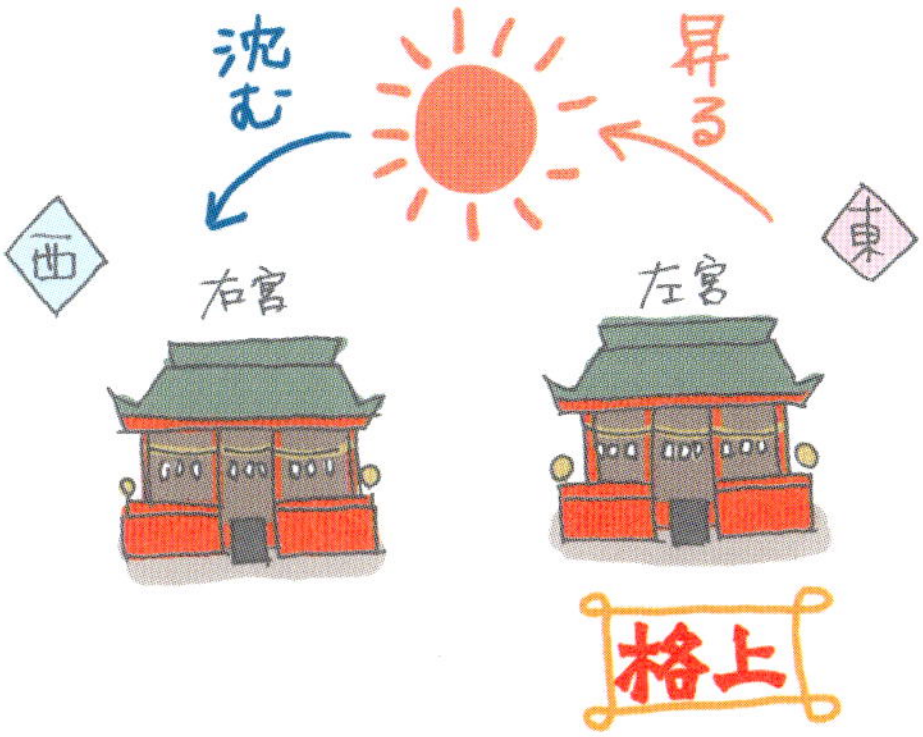

神様に願いが届く祈り方

〝祈る〟とは、「自分の意思を神様に宣言する」こと。では、実際にどのように宣言すれば神様に伝わるのでしょうか？　龍神に教わった、願いが叶いやすくなる祈り方を伝授します。

皆さんは、神社で神様に願い事をする時どんなふうに祈っていますか？　手を合わせて静かに心の中で神様に語りかける？　小さい声でぶつぶつつぶやく？　残念ながら、そのやり方では神様に願いが届かない可能性大です。

願いを叶えてもらうには、まず自分が何を求めているかを神様にきちんとわかってもらう必要があります。たとえば、好きな人に告白する時も、以心伝心というわけにはいきませんよね？　きちんと言葉で伝えなければお付き合いには発展しません。神様だって一緒です。願い事は、はっきり口に出して言ってほしいのです。

日本語には〝言霊《ことだま》〟という霊力が宿ります。だから、心の中だけで祈るより、断然口に出したほうが叶いやすいです。

僕も声に出して祈るようにしたところ、これまでずーっとくすぶっていた願いが、２週間も経たずに叶ったということがありました。

龍神ポイント１

願い事は声に出して伝える

神拝詞《となえことば》
祓え給い
清め給え
神《かむ》ながら
守り給え
幸《さきわ》え給え

神様言葉を口にすると喜ぶ

口に出してお願いする時は、自分の言葉で伝えるのが一番です。

かしこまった言葉を使えとか、神様はそんな細かいことは気にしません。

とはいえ神様も自分たちと同じ神様語で話しかけられると「私たちの言葉を勉強してくれたな」と喜んでくれるのも事実です。日本人が海外旅行で日本語を話してくれる人に会うと、うれしいという感覚と一緒ですね。

たとえば、神社の拝殿には上記のような「神拝詞」が書かれていることがあります。

これは「お祓《はら》いください、お清めください、神様のお力により、お守りください、幸せにしてください」という意味です。

神様にごあいさつや願い事をする時に、この神拝詞をとなえてみてください。より願い事が伝わりやすくなりますよ。

龍神ポイント2

お賽銭は気持ちが伝わる金額で！

神様はお賽銭が多い少ないで、願い事を叶えるかどうか決めるわけではありません。同じ100円でも、人によって重みが違います。自分なりに「よし、これで正々堂々と神様にお願いできる」と納得できる金額を入れればいいのです。「もったいないから5円でいいや」といったお賽銭では神様は喜んでくれません。

　お賽銭はお金を気持ちよく使えるようになるためのレッスンにもなります。お金を気持ちよく使えるようになるとお金に好かれて、使った以上のお金が戻ってきます。

　前にも述べましたが、お賽銭は水で清めると神様が喜びます。また、「チャリーン」という音も好きなのです。参拝者の少ない神社久しぶりにお賽銭の音がすると、神様はうれしくて優先的に願い事を聞いてくれるそうですよ。

龍神ポイント3

鈴を鳴らすと神様も喜ぶ

神社の拝殿には、大きな鈴が吊られていることが多いと思います。

鈴を鳴らすタイミングはお賽銭を入れたあとです。鈴の音は清々しく、神様も龍神も大好きです。鈴を鳴らすことで、参拝者が清められ、神様を呼ぶことができると考えられています。

神社で神楽舞を舞う巫女も小さな鈴がたくさんついた神楽鈴を持っています。

古くは巫女が舞うことで、神様が憑依して人々に意思を伝えていたといわれています。その時も鈴は、神様を呼ぶための欠かせないアイテムだったのです。

人事を尽くして天命を待つ

願いが叶うタイミングは神様にお任せするのが一番です。「人事を尽くして天命を待つ」という言葉がありますよね。「人事を尽くす」とは、「人間としてできる限りのことをする」という意味です。だから、願い事をしたらすぐに行動に移して、努力すればできることはすべてやりましょう。そのあとは「天命を待つ」で、龍神や神様に後押ししてもらうのです。

すると、必要な人と会わせてくれたり、アッと驚く出来事でチャンスをつかませてくれたりと、どんどん願いが叶っていきます。

おみくじは神様からのメッセージ

持ち帰って読み返すのも大事

おみくじを引いている人を見ると、たいてい「大吉」「小吉」というところだけ見て一喜一憂し、中身をよく読んでいない人が多いようです。

そして、どんな結果でも境内の木に結びつけて帰ってしまいます。

そもそも「おみくじを木に結ぶ」というのは、悪い結果が出た時に木に浄化してもらうという意味があります。それを知らずに、いつしかよいものも悪いものも全部結びつけるようになってしまいました。

これって、すごくもったいないことです。だって、おみくじには、神様からの大切なメッセージが書かれているんですよ。

僕もワカも、おみくじを引いた時は必ず持ち帰って、時々読み返すようにしています。そうすると、引いた時はピンとこなくても、あとで「なるほど！」と思うことが書かれていることがあるんです。

実は、僕はおみくじに日付を書き込んでとっておくのですが、「根を深くし　柢《てい》を固くするがごとし」という故事成語が書かれたおみくじを、4月、5月、6月と3回連続で引いたことがあります。同じ神社の同じ場所でおみくじを引いて、まったく同じ結果が出るなんて奇跡としか思えません。この時は自分のやりたいことについての後押しをお願いしたのですが「迷わず進め！」という神様からの強いメッセージを感じました。その結果、今の成功につながりました。

皆さんもおみくじを読み返すことで、神様の後押しが実感できると思います。

じっくり読み返すと神様の意図がわかってきます。

環境が変わった時にもおみくじを引く

おみくじは、初詣の時ぐらいにしか引かないという人も多いと思います。

しかし、人の環境や状況って1年間ずっと同じということはありません。ちょっと状況が変わったなとか、心境に変化があったという時におみくじを引いてみるといいと思います。**神様はその時々の願い事や状況にふさわしいメッセージをくれる**からです。

恋愛など特定の内容を神様に聞いた時は、おみくじの「恋愛」のところだけ見てもOK。ほかに書いてあることは気にする必要はありません。

では、持ち帰ったおみくじは、いつ処分するかというと、僕たち夫婦は、新しいものを引いた時に、古いものを神社にお返ししています。そして、新しく引いたおみくじは、結果がよくても悪くても持ち帰っています。

持ち帰ったおみくじをまとめて、翌年の初詣の時に神社の古札納所に返しても構いません。

お守り・お札は授かりっぱなしにしない

一つひとつに手をかけて大事に扱う

神社でお札やお守りをいただいた時、皆さんはどうしていますか？　いただいただけで満足して、どこかに放っておいたり、その存在を忘れてしまったりしては神様が悲しみます。

お札やお守りは、神様の力をいただくものです。一つひとつを大切に扱いましょう。一般的に、お札は家をお守りいただくものとして神棚にお祀りします。お守りは身につけて神様のご加護をいただくものとされています。

お札やお守りはいくついただいてもいいのですが、お祀りする場所がなかったり、自分の手に余るようなことになったりしては、神様に失礼です。自分が大切にできる範囲にとどめましょう。

お札は、おおむね1年間お祀りしたら、いただいた神社に納めお焚き上げしてもらいます。

お守りの場合は、期限というものはないのですが、ガガに聞いたところ、「だいたい1年で交換するのがいいがね」とのこと。その理由は、1年で効力が薄れるということではなく、願い事をした神社の神様に1年に1回ぐらいは会いに行くのが大切だということです。それに、1年もお守りを持ち歩いていたらボロボロになりますしね。神様だってボロボロのままでは居心地が悪いので、新しいものをいただいて、気持ちよく過ごしていただきましょう。

ただし、なかなか行けない神社や思い入れのあるお守りはそのまま持っていてＯＫ。大事なのは、神様を敬う気持ちですから、その気持ちが薄れないように気に入っているものは大切に持っていましょう。

お守り・お札の基礎知識

Q

**お札って
どこに置けば
いいの？**

A 神棚にお祀りするのがベスト

家に神棚がある時は、神棚にお祀りします。最近は、住宅事情により神棚がない家も増えています。その場合は、南向き（もしくは東向き）の目線より高い位置に立てて、大切にお祀りしましょう。毎日ごあいさつして、神様とともに生活していることを意識すれば、神様に愛され、守ってもらえます。

Q

**お守りやお札は
人にプレゼント
してもいいの？**

A あげてもいいけれど押しつけにはご注意を

もちろんOKです。ただし、もらった人がお札やお守りを大切に扱えない時は、神様も悲しみます。また、あなたがよかれと思ってあげても、相手にとってはうれしいものではなく、困ってしまうこともあります。神社や神様に興味がない人にはピンとこないかもしれません。何事も、押しつけは禁物です。

Q

**お守りやお札を
なくしてしまっ
たら？**

A 身代わりになってくれたと感謝して

大切なお守りやお札をなくしてしまっても、がっかりする必要はありません。「自分の身代わりになってくれた」と考え「ありがとうございます」と感謝しましょう。そして、まだ持っていたい時には新しいお守りをいただきに行くとよいでしょう。

Q

**たくさん持って
いるとお守り同
士がケンカする
ってホント？**

A 神様同士はケンカしません

お守りは何個持っていても、神様同士がケンカすることはありません。ただし、やみくもにたくさん持つのはNG。それぞれのお守りの神様ときちんとお付き合いしましょう。僕の場合は、出張の時はスサノオの神社のお守りを持って出たり、大事な商談がある時はオオクニヌシのお守りを持って出かけたりというふうにしています。

家の中に神様を迎えるスペースをつくる

豪華にお祀りしなくても神様は喜んで来てくれる

我が家では正式な神棚がない代わりに、壁の高い所にお札をお祀りして神様をお迎えするスペースを設けています。ガガによれば、神様や龍神と仲良くなる一番の近道は、家に神棚を飾ることなんだそうです。神棚を飾って「どうぞおいでください」と招かれたら、神様も喜んで家に来てくれるのです。

家に神棚がない人は、うちのように簡易的なものでいいので、自分なりの神様スペースをつくることをおすすめします。

正式な神棚の場合、お札をお祀りしたら米、塩、水をお供えします。しかし、スペースがない場合は必ずお供えしなければならないものではありません。大切なのは、神様を意識する気持ちです。目線より高い位置に神札をお祀りして、毎日きちんとあいさつをするだけで神様に気持ちが伝わると思います。もちろん、正式な神棚をお祀りすれば、神様もよりうれしいでしょう。でも、神様はそのことを望んでいるわけではないのです。いくら豪華にお祀りしていても、心がないほうが神様は寂しいそうです。

僕は、朝起きた時と夜寝る時に、神様がいるスペースの前で「今日もありがとうございます」とごあいさつをしたり、「今日こんないいことがありました」と報告したりします。日々感じたことを報告していると、神様がいつも身近にいるな、後押ししてくれているなという実感が湧いてきます。ワカは、よく神様スペースの前で、愚痴をこぼし、神様や龍神と語り合っています。神様スペースを設けることで、神様や龍神と一緒にいる感覚が養われると思います。

簡易でも心がこもっていれば神様も龍神も喜びます。

神様という味方が増えて幸運体質に近づく

神様スペースを設けて、家に神様をお迎えすると、不思議と味方が増えた気になります。これは、僕たち夫婦だけでなく、家に神棚や神様スペースを設けたら、みんな感じることのようです。10人中10人が「自分一人じゃないという気持ちが湧いてきて、どんどん積極的に行動できるようになった」と言っています。

人間は生きているといいこともあれば、嫌なこともあります。嫌なことって、家族や友達にもあんまり言いたくない。でも、自分の中にため込んでいたら、どんどんつらくなります。そんな時は、ワカのように、神様スペースの前で大いに愚痴をこぼしてください。実は神様は弱音を吐く人、嫌いじゃないんです。神様や龍神は何でも聞いてくれるので、気持ちがすっきりして、滞っていたことも不思議と好転してきます。神様スペースを持つことで、幸運体質に近づくことは間違いありません。

7章 神社の龍神に会いに行く

神社をゆっくり散策していると
龍神が姿を現すことだってあるんです。
神社で龍神に会える方法を教えます!

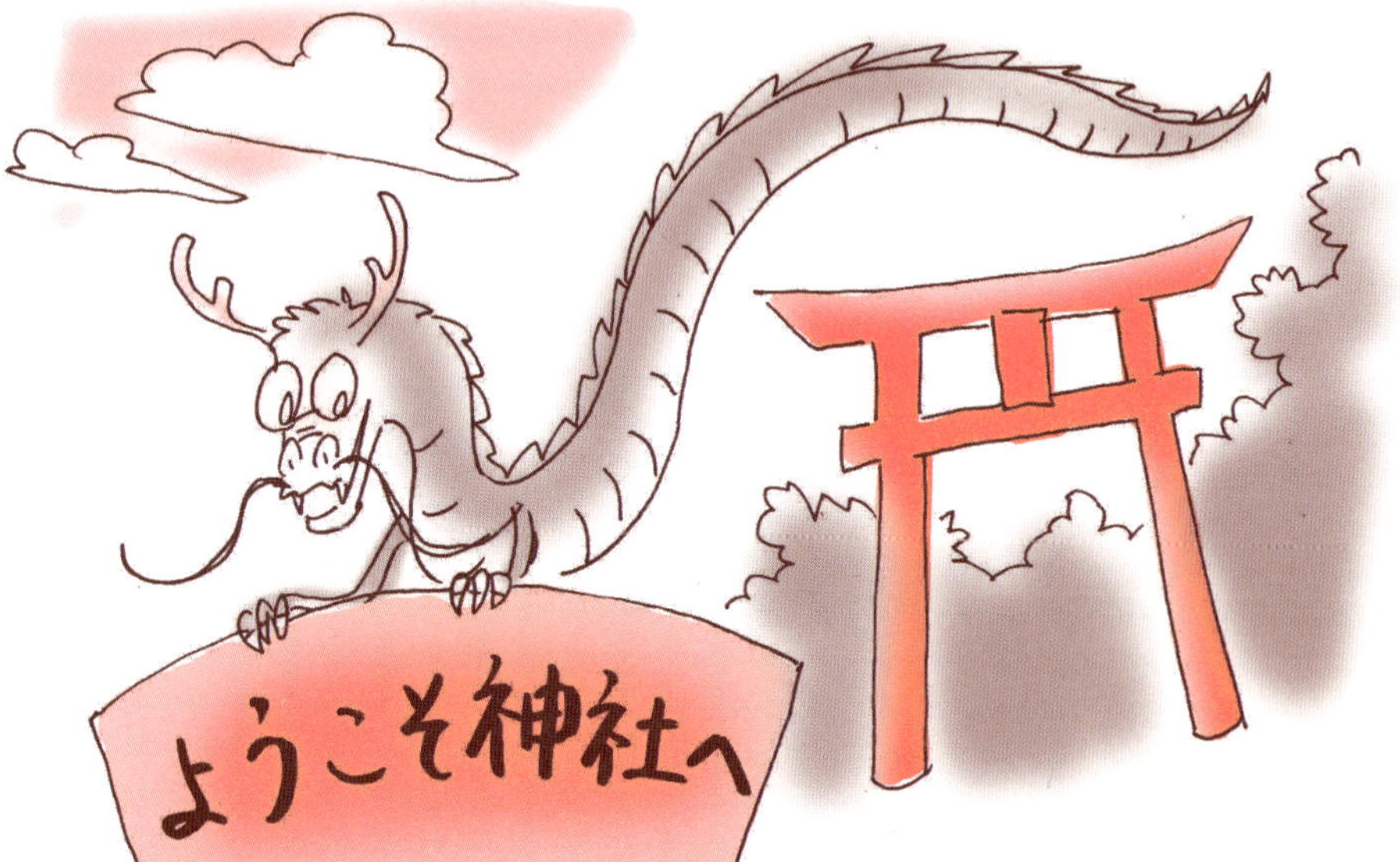

神社で五感を研ぎ澄ませれば、龍神の存在を感じられる

毎日龍神に話しかけていると、「龍神に会ってみたい！」「龍神の姿が見たい」と思うかもしれませんね。その気持ちわかります。僕ら夫婦にも龍神の姿は見えません。ワカも龍神の気配や声は聞こえるけれど、ドラゴンボールのような龍が見えるわけではありません。

でも、その姿をまったく見せてくれないかというと、そうではありません。神社に行くと、風もないのに紙垂《しで》が不自然に揺れて、「よく来たな！」なんて言っていることがよくあります。神社は龍神の存在をとても身近に感じられる場所です。**普段は一切姿を見せない龍神が、神社のあちこちで気配を出すこともある**のです。

僕たち夫婦がガガの導きで、長野県戸隠神社の九頭龍大神《くずりゅうおおかみ》に初めてごあいさつに行った時のことです。僕たちは神様と龍神に感謝しつつ、神道が続く森林の中をゆっくりと散策しました。そして帰宅後、その時の写真を見返してみると、なんと龍神の姿が青い光となってはっきりと映っていたのです。恥ずかしながらその場では気づきませんでしたが、龍神はしっかりその存在をアピールしていました。

その後、参拝直後に半年以上停滞していた念願の仕事が決まったり、ずっとお会いしたかった方に会うことが決まったりと、ダイナミックなスピードで奇跡的なことがたくさん起こりました。

龍神は常に人間とコンタクトを取りたがって、一生懸命メッセージを送っています。

龍神は、神社に棲んでいるわけではありません。普段は日常生活のいろいろなところに存在しています。ただし、神社という聖域は龍神にとってエネルギーをチャージできる居心地よい「休憩所」です。神社の神様に願い事を届けに来たあと、その周辺で休んでいたりするのです。五感を研ぎ澄まして龍神の存在を意識すれば、皆さんもきっと龍神に会うことができると思います。

STEP1

龍神を祀っている神社に行ってみよう

お世話になっている龍神にごあいさつする

龍神にとって神社は居心地のいい場所です。神社に行けば、龍神に会える確率高し！　特に、龍神をお祀りしている神社は、龍神たちが好んで集まりやすい場所です。まずは、龍神が祀られている神社に参拝に行き、龍神のエネルギーを体感してみましょう。

僕たち夫婦がガガに「行け！」と言われて初めて行った十和田神社も、奥の院に十和田山青龍大権現という龍神が祀られています。龍神は水神信仰と深い関わりがあるため、神社も水に関わりのある場所にあることが多いようです。十和田神社も十和田湖のほとりにあり、そこは龍神の息吹を感じる神秘的な場所でした。

神社に行ったら、いつもより龍神の存在を感じるセンサーを敏感に張り巡らせてみてください。きっと龍神からのサインをキャッチすることができるはずです。

皆さんは、「神風」というものをご存知ですか？

神風とは、神社などの聖域で何の前触れもなく吹く心地よい一陣の風をいいます。そんな風を感じたら、龍神がそばを通ったのかもしれません。

参拝に行って龍神の気配を感じたら「あ、今の風、龍神かも！」「いい香り！　龍神が近くに来てる」「あそこに龍神がいる!!」と友達や家族とワイワイ龍神探しをしてみてください。龍神も神様も人がにぎやかに参拝することをとても喜ぶので、どんどん存在をアピールしてくれますよ。

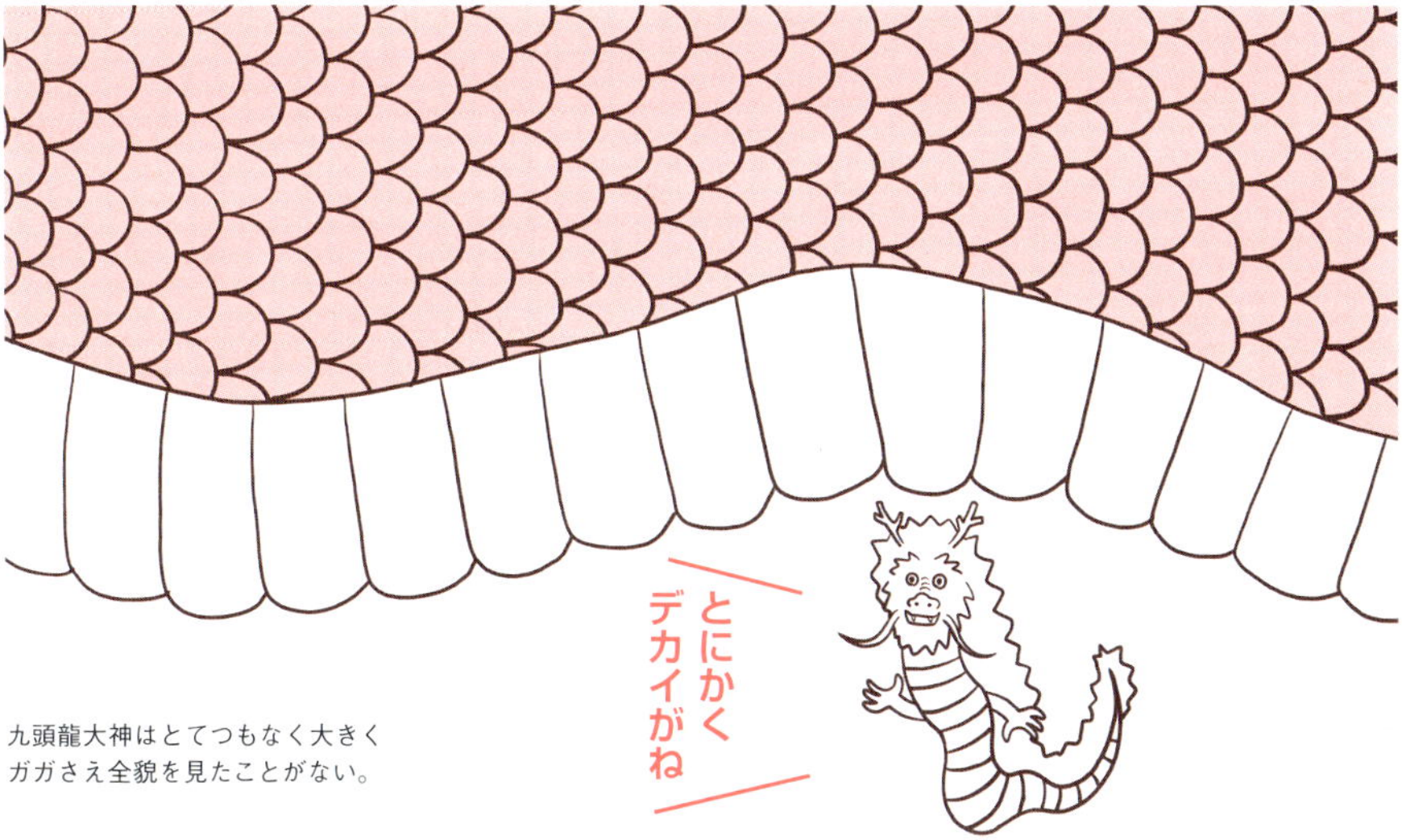

九頭龍大神はとてつもなく大きく
ガガさえ全貌を見たことがない。

九《く》頭《ず》龍《りゅう》大神《おおかみ》と龍神の違い

九頭龍大神は生まれながらの本当の神様

龍神様をお祀りする神社のうち、九頭龍大神をお祀りしている神社があります。龍神はもともと神様の眷属《けんぞく》で、人間の祈りによって神様扱いされるようになりました。しかし、九頭龍大神は眷属ではなく、生まれながらの神様です。しかも、アマテラスなど古事記の神様よりもずっと前から日本や世界を守っていた存在です。

日本で大きな力を持つ九頭龍大神は、戸隠神社と箱根神社に祀られている2柱です。戸隠神社の龍神は山の神、箱根神社の龍神は海の神ですが、ガガは山系の龍神だそうで、僕たちも山系の十和田神社や戸隠神社によく呼ばれます。

九頭龍大神は、地球規模で人間を守っている偉大な神様ですから、参拝では「世界平和」や「人類繁栄」など大きな願いや感謝を伝えましょう。そのうえで、個人的なお願いをするのがコツ。九頭龍大神も「こいつは地球人類のことを考えていて偉いぞ」と、願いを聞いてくれるそうですよ。

龍神とゆかりのあるおもな神社

龍神をお祀りしている代表的な神社をいくつか紹介します。このほかにも龍神をお祀りしている神社は全国にたくさんありますので、皆さんもお近くの神社で、龍神にごあいさつしてみてください。

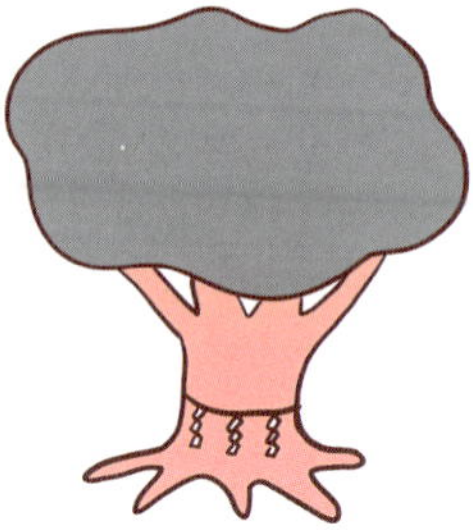

湯島天神
（東京都文京区）

学業の神様として有名な神社で、御祭神は菅原道真公とアメノタヂカラオです。湯島天神には3柱の白龍がいらっしゃいます。僕とワカが湯島天神の龍神にごあいさつに行った時、アイスクリーム屋のおばさんとの偶然の出会いから、神社の近くにある岩崎弥太郎の中庭に住むというもう1柱の白龍のお話を教えていただきました。さらに拝殿の後ろに、九頭龍大神の根城である戸隠神社の「鎌卍」の社紋をお祀りした小さな社があります。

十和田神社
（青森県十和田市）

古来、龍神信仰の霊験あらたかな神社。参道へと続く「開運の小径」には、龍神をかたどった手水舎があります。御祭神はヤマトタケルで、奥の院に十和田山青龍大権現が祀られています。神社裏手の「占場」は南祖坊という高僧が入水したとされるパワースポット。神前でご祈念した「おより紙」を湖に投げ入れると、願いが叶う時は水底に引き込まれるように沈み、叶わない時は浮いたまま波にさらわれ沖へ流されるといわれています。

貴船神社
（京都府京都市）

タカオカミ、クラオカミが祀られており、前者は「山上の龍神」、後者は「谷底暗闇の龍神」といわれ、水源を司る神様です。貴船神社の龍神は力を持て余しているくらいたいへん大きなエネルギーを持っています。僕とワカがごあいさつに行った時も、そのパワーに圧倒されました。「貴船」は「氣生根」とも書き、ご神気に触れるだけで元気がよみがえり、「運気龍昇」するといわれています。

鹽竈神社
（宮城県塩釜市）

東北鎮護・陸奥国一之宮として、古くから崇敬を集める由緒正しき神社です。左宮にタケミカヅチ、右宮にフツヌシ、左右宮の右手の別宮に主祭神としてシオツチオヂがお祀りされています。このシオツチオヂは海の安全を司る神様で、龍神ともたいへんご縁が深いといわれています。この神様は塩釜の人々に製塩法を教えたとされ、初穂料を納めていただく御神塩は、抜群の浄化力があると評判です。

白山神社
（全国）

龍神と仲良しの神様の中に、ククリヒメ（菊理姫）という女神様がいます。ククリヒメは、イザナギがイザナミを追って黄泉の国に至り、逃げ帰ろうとして争った時に、その間に入って二神の言葉を伝え、調和をはかった神様です。そのエピソードから、男女の縁結びの神様として有名です。白山神社は全国に約2700社もあるので、足を運んでみてください。新潟の白山神社には黄龍神社がお祀りされているなど、龍神とはたいへん関わりの深い神社です。

手《て》力《ぢから》雄《お》神社
（岐阜県各務原市）

織田信長が戦勝祈願したとされる「勝運・開運」に強い神社です。御祭神はテジカラオオカミ（古事記ではタヂカラオ）。アマテラスを天岩戸から引き出し、世の中に再び光と平和をもたらした神様です。この神社には拝殿の龍神が村に降りて行って、畑を荒らしたという龍神伝説が残っています。実際に本殿の軒下には、左右に龍の迫力ある木彫りが配されています。

戸隠神社
（長野県長野市）

戸隠神社は、霊山・戸隠山の麓にあり、山系の龍神が集まるところです。ガガは山系の龍神なので、僕たち夫婦も、たびたび戸隠神社にごあいさつに行っています。戸隠神社には、九頭龍社があり、九頭龍大神がお祀りされています。戸隠神社の社紋は四本の鎌を卍に配置した「鎌卍」で水の神、豊作の神として信仰されています。九頭龍大神はとてつもなく大きな存在で、ガガも頭と尻尾を見た程度で、その全貌をとらえたことはないそうです。僕らが宿泊する戸隠の宿坊のご主人によれば、九頭龍大神の頭は戸隠にあり、尻尾は福井県の九頭龍川にあるそうです。

霧島神宮
（鹿児島県霧島市）

ガガが霧島にも、山と海の両方を司る九頭龍大神がいると教えてくれました。その霧島の森の中に位置するのが霧島神宮です。建国神話の主人公ニニギノミコトをお祀りしています。坂本龍馬とおりょうさんが新婚旅行で訪れたことでも有名な神社です。

箱根神社
（神奈川県足柄下郡）

箱根神社には、九頭龍大神がお祀りされています。箱根神社本殿の横に九頭龍神社の新宮、芦ノ湖畔に本宮が設けられています。新宮で汲むことができる龍神水で口をゆすげば、一切の不浄が清まり、龍神水を神棚にお供えすれば家内が清められ運気がアップするといわれています。僕らは箱根に呼ばれたことがありません。ガガによると、たいへん人気のある神社で人間の祈りがたくさんあるため、「十分足りているから、おまえら来なくていいよ」と言われているんだそうです。

STEP 2

龍神に会える！　神社での過ごし方

「気持ちいい」と感じる空間に龍神はやってくる

神社は、できるだけゆっくり時間がとれる時に行くのがよいでしょう。バタバタと参拝だけして帰るのはちょっともったいないと思います。

そして神社に行ったら、本殿や拝殿だけでなく、末社、奥社など小さな神社や敷地内にあるさまざまなスポットや自然の中をゆったり巡ることをおすすめします。

龍神は、本殿にいるとは限らず、その周辺の自然豊かな場所で休んでいることも多いのです。僕たち夫婦が龍神に遭遇することが多いのも、神社周辺の山道や森、水場の近くなど、自然が多いところ。なかなか肉眼で姿を見るのは難しくても、気配は十分感じられます。

神社をゆっくり散策することは、自分自身の心や体にもよい影響があります。

それは、神社は「穢《けが》れ」を祓う場所だからです。穢れとは「気枯れ」と書いて、心身のエネルギーが足りなくなっている状態を指します。神社はそんな気枯れを回復させてくれるところです。ちゃちゃっと帰ってしまったら、十分なエネルギーチャージができません。ある程度余裕を持って参拝し、神社の清浄な空気を吸ってゆったりとした時間を過ごすことがポイントです。

僕たちも神社に行く時は、できるだけゆったり時間をとって、神社の敷地内やその周辺を散策するようにしています。大きい神社であればあるほど、末社や奥社、境内社などいくつもの社があって、目のつかないところに神様がいらっしゃったりします。そういうところにもごあいさつに行くと、神様はすごく喜んでくれるんですよ。

神社のマイ空間でエネルギーチャージ

また、散策中に、自分だけの心地よい空間が見つかることもあります。僕らはそれを「ゼロポイントフィールド」と呼んでいます。それは、日常生活の種々雑多なことをゼロにリセットできる気持ちのよい場所です。特に、悩みや迷いを抱えている人は、このような空間でいったん気持ちをゼロに戻すことで、新しい答えが見つかることがあります。

たとえば、僕らがよく行く鹽竈神社には、参殿のところに大きなご神木があります。その奥の空間もゼロポイントフィールドです。とてもよい気が漂う空間で、心身ともにリフレッシュできます。

神社やその周辺の自然を散策していて、「ここ気持ちいいな」という場所を見つけたら、そこはあなたにとっての聖域です。人に教えるもよし、自分だけで独り占めしてもいいと思います。「疲れた時は、そこに行ってチャージしよう」と思えるマイ空間があるだけで、仕事や家事をがんばれたりするものです。神社の隅々まで散策し、あなただけの心地よい空間を見つけてみてください。

気の流れのよい場所は、龍神や神様のパワーも受けやすいので、神社の敷地にいる時から、ラッキーな出来事が次々起こるというような体験ができるかもしれません。

神社に行ったらこんな場所を訪れよう

龍神たちも大好きな、心地よい気の流れる神社のおすすめスポットをご紹介します。
神社の豊かで清浄な自然の中で、
龍神と語り合いエネルギーチャージしましょう。

森・山

ご神木のパワーをいただく

戸隠神社をはじめ、険しい山の中や森に囲まれている神社は少なくありません。神社の周りには、樹齢何百年というご神木があることも多く、散策していると自然のパワーを体感することができます。ワカはよく周りを回ったりして、ご神木のパワーを感じているようです。また、神社周辺の森は龍神が姿を現してくれやすい場所でもあります。木々にさす光や風のざわめきなどにも注目し、龍神の気配を感じ取りましょう。

湖・滝

滝には百発百中、龍神がいる!

龍神は水神様ですから、水のあるところが大好きです。十和田神社は十和田湖畔にあり、戸隠神社は周辺にいくつかの池があります。神社の中やその周辺に、川、湖、滝など水に関連した場所がある時は、ぜひ立ち寄ってみましょう。

ガガによれば、滝には百発百中、確実に龍神がいるそうです。旅行先などで滝を見つけたら、行ってみるとよいでしょう。

末社・奥社

もれなく参拝する

神社に行くと、メインの神様だけにごあいさつして帰ってしまう人が多いようです。神社には境内の中に、小さな神社がいくつもお祀りされていることがあります。せっかく参拝に来たのですから、少しでも多くの神様にごあいさつしていきましょう。普段、ごあいさつすることが少ない神様にごあいさつすると、ひいきしてもらえる可能性も大。参拝の時は、案内板やホームページなどでどんな社があるか調べて行き、もれなく参拝するのがおすすめです。

眷属のいるところ

見つけてあいさつをしよう

神社は龍神以外にも、いろいろな眷属に会えるところです。神社の参道の両脇などによくいますよね？ 狛犬と獅子という組み合わせの神社が多いのですが、兎や獅子、申《さる》なんていうところもあります。稲荷神社には狐がいます。

ワカはこの眷属たちが大好きで、神社に行ったら必ず眷属さんたちにもあいさつをして、おしゃべりしてきます。眷属は龍神同様、神様の実行部隊です。仲良くなると願い事が叶いやすくなるんですよ。

STEP 3

勘に従い行きたい神社に行こう

龍神の「行け！」というメッセージを受け取ろう

僕たち夫婦は、ガガに「〇〇神社に行け！」とよく言われます。それは、いつも突然です。だいたいワカは朝寝坊なのですが、突然朝早く起きてきて「旅に出たい」と、突拍子もなく言ってくることがあります。

そういう時は、たいがいガガが「〇〇神社へ行け！」と言ってワカを起こしているようです。そして、言われた通りに行動すると断然いいことが起こります。

よく「私は龍神に〇〇神社に行け！」なんて言われない。「どこの神社に行けばいいかわからない」と言う人がいます。

しかし実は、龍神は一生懸命サインを送り、あなたを連れて行きたい神社に導こうとしています。たいていの人は、それに気づいていないだけなのです。

たとえば、「テレビの旅番組で見た神社が気になって頭から離れない」とか、「雑誌の開運特集で見た神社にどうしても行ってみたい」と思った経験はありませんか？　この「なんとなく気になる」「行ってみたい」という感じこそ、龍神からの導きのサインです。

人間は、日頃から勘のアンテナを敏感に張り巡らせていると「兆し」を読むことができるようになります。「なんとなくこの神社が気になる」と思ったら行って損はありません。直感を信じましょう。

声が聞こえなくても「メッセージ」がわかる

「行きたい」という勘や衝動には素直に従うのがポイントです。

ワカには「〇〇神社へ行け！」というガガの声が聞こえるようですが、僕には聞こえません。ただし、ワカの通訳でガガや黒龍さんとよく会話するようになってから、ワカの通訳がなくてもなんとなく「兆し」が読めるようになってきたと思います。ガガに言わせれば「タカはまだまだだがね」という感じでしょうけど、僕なりに龍神の後押しを感じ取れています。

たとえば、「行きたいな〜」と思っている場所があって、何回も計画を立てるのになぜか毎回行けなくなるってことがあった時。それはたぶん、龍神が「行かないほうがいいよ」とメッセージを送っているのだと思います。

反対に、「行きたい！」という衝動で、すぐ行動して、その場所に行けた時は、龍神の導きです。「兆し」を感じ取れると、龍神の声が聞こえている状態にかなり近くなる。そうすると、何事にも早く動けるようになります。龍神も神様も「行動する人が好き」ですから、どんどん後押しが入って願いが叶いやすくなるんです。

「あの神社に行きたいな」という勘や衝動は、龍神からのGOサインだと思って、まずは行動してみましょう。

「論より証拠」で、「とにかくやってみてくれ」というのが龍神からのお願いです。

龍神が橋渡ししてくれた
オオクニヌシのすごい縁結び力

ある日ワカが、朝6時にむっくり起きてきて「旅に出る」って言い出したことがありました。「旅ってどこに？」と思いましたが、寝ぼすけのワカが早起きしてくるのはガガの指示に違いありません。こういう時は出かけたほうが断然いいので、僕たちは山形のほうへドライブがてらお蕎麦でも食べようかと出かけました。そして着いたのが山形市のとあるお蕎麦屋さん。そこはよく行くお店だったのですが、隣に神社があることに初めて気づきました。

「ここはどなたがいらっしゃるのかな？」と思ったら、オオクニヌシさんだったのです。

オオクニヌシといえば、言わずと知れた縁結びの神様です。そのあとも、行く先々で神社に寄ったのですが、なんとそこにはすべてオオクニヌシが祀られていました。

「きっといいご縁が結ばれるね」と話していた途端、電話連絡が入り、長年お会いしたかった方に会えることが決まりました。そのあと、もう1社行ったのが山形蔵王温泉の奥にある酢川神社だったのですが、なんとそこもオオクニヌシ。まだ何かあるのかと思っていたら、再び連絡が入り、お会いしたかった方が持っているラジオ番組へのゲスト出演まで決定してしまいました。

するすると縁がつながって「オオクニヌシすげえ！」って、二人で感激することしきり。

でも、そのオオクニヌシに引き合わせてくれたのは、龍神なのです。これは、僕たちだけでなく誰にでも起こることです。皆さんも、直感に従って即行動してみてください。

神様が派遣する まれびとがみ（客人神）とは？

龍神が届けた願いを神様が叶えてくれる時、神様は強力な助っ人を送り込んでくれることがあります。

たとえば、「歌手になりたい」と龍神に祈っていたら、優秀なボイストレーニングのコーチに巡り会って、デビューへの足がかりが掴めたとか、「治療が難しい」と言われた病気でも、あきらめずに戦っていたら、よいお医者さんに巡り会って、回復に向かった、というような話を聞くことがありませんか？

このように困った時に、ある日突然やってきて助けてくれる人を「まれびとがみ（客人神）」といいます。

昔は神頼みをすると、神様が直接助けに来てくれたのですが、今は神様が人を派遣してくれるのです。だから、自分が困っている時に、損得抜きで助けてくれる人が現れた時は、その人は神様の代わりです。「一期一会」という言葉もありますが、人との出会いはそれほど大事なのです。

寂しい神社は願いが叶いやすい

神様も龍神も人間の「祈り」や「弾む魂」を食べてエネルギーにしているわけですが、たまに、祈りや弾む魂が足りずに、お腹をすかせている神様もいるんです。

僕とワカは、どちらかというと「お腹がペコペコ」の神様に「会いに行け！」と言われることが多いのです。そのせいか、参拝客が絶えず訪れていて一人の参拝時間が数秒といわれる箱根の九頭龍神社にも行ってみたいのですが、いまだに呼ばれたことがありません（笑）。

でも、寂しい神社は実はとっても狙い目。そこの神様はお腹がすいていますから、そんな時においしい魂や祈りを捧げたら、間違いなくひいきしてもらえます。願いを叶える力を持て余していますから、祈りを捧げてくれる人をどんどん後押ししてくれるでしょう。

僕とワカが仕事で京都を訪れた時、パワーを持て余した神様に振り回される事件がありました。貴船神社を参拝し、陽が落ちる前に山を下りたかったのですが、どのタクシー会社に電話してもつながらないのです。どうやらシーズンオフで参拝客も少なかったため「せっかく来たんだからもう少しいなさい」と貴船のタカオカミ様に引きとめられてしまったようです。1時間待てどタクシーは捕まらず、暗い夜道を歩いて下山することに。いやはや、タカオカミ様のパワーはすごい！　結局、黒龍さんがタカオカミ様に気に入られてお相手をしてくれたので、その隙に帰ることができました。

どうしても早く叶えたい願いがある人は、寂しがり屋の神様に会いに行くといいかもしれません。

願い事に合わせて神社を選ぶ方法も

どこの神社に行けばいいかわからないという人は、自分の願い事から神社を絞り込んでいく方法もあります。

6章でガガが上司である神様を紹介してくれましたが、神社にはいろいろな神様がお祀りされていて、それぞれ得意分野が違うのです。

「縁結びを祈願したい」「健康長寿を祈りたい」「事業で成功したい」といったはっきりとした目的がある時は、求めるご利益に合わせて神社を選んでみてはいかがですか？

なにしろ、商売繁盛の神様に「結婚相手が見つかりますように！」と祈っても、神様が困ってしまうかもしれませんからね。ピンポイントで願い事がある時は、その分野が得意な神様がいる神社を探してみるのもいいでしょう。

ちなみに、僕のおすすめはやはりオオクニヌシがいらっしゃる神社です。オオクニヌシの得意分野は「縁結び」ですが、「縁結び」というのは男女の仲だけのことではありません。「出世」には会社の同僚や上司との縁が必要ですし、「商売繁盛」にだって、よい商品やお客さんとの縁が必要です。そう考えると、オオクニヌシはカバー範囲が広いのです。どんなお願いでもまずオオクニヌシにお願いしてみましょう。代表的なのは出雲大社ですが、ほかにも全国にたくさんお祀りしている神社があるので、ぜひ会いに行ってみてください。

龍神ガガがズバリ解決！お悩み相談室

皆さんのお悩みをガガに聞いたところスカッとする答えが返ってきました！ぜひ参考にしてください。

質問

お金持ちになりたいのに、お金を欲しいと思うことに罪悪感があります

ガガの教え

お金は人を喜ばせるために必要なものと考えれば抵抗がなくなるがね

「欲」というのは「意欲」につながるものだから、「お金が欲しい」という気持ちは、やましいことではない。お金は奪い取るもの、お金持ちは悪い人というイメージを持つ人がいるが、それは違う。たとえば、商売繁盛でもうかっている会社というのは、多くの人が喜んでくれるものを提供したからたくさん利益が出たのだ。つまり、お金は人を喜ばせることによって世の中に出回っていく。「お金が欲しい」を「たくさんの人を喜ばせたい」に言い換えれば、まったく抵抗がなくなるがね。そして、お金が手に入った時は、ほんのちょっとでいいから人を喜ばせることに使ってみたまえ。たとえば、寄付するとか、後輩におごるとかでもいい。お金を使って満たされた気持ちになることが大事なのだよ。

質問

誰よりも仕事ができるのに、上司に評価されません

ガガの教え

仕事も人と人のコミュニケーションが大事。たまには飲みニケーションするがね

どんな仕事であれ、人間関係が重要なのだよ。おまえは上司に評価されないと言っているが、上司と腹を割って話したことはあるのかね？　我が見たテレビのニュースでは、「仕事には飲みニケーションが必要と思う人が6割だ」と言っていたがね。出世も、収入を増やすにも、人間関係は必ず関わってくる。仕事は一人でできるものではなかろう。よくコミュニケーションして、一緒に働く仲間を大切にするがね。

質問

給料が安く経済的に苦しいです。どうすればいい仕事につけますか？

ガガの教え

「働く」とは「はた（傍）」を「ラク」にすること。まずは相手を喜ばすがね

「働く」の意味を知ってるか？　「働く」とは「傍をラクにする」ということなのだ。いい仕事をすれば一緒に働く仲間がラクになる。お客さんが喜んで利益が上がれば給料が増えてラクになる。おまえは、自分だけがラクになることを考えてないかね？　今の自分を変えなければ転職したって結果は同じだ。周りを喜ばせてラクにするつもりで働いてみるがね。そうすれば自然と結果はついてくるのだよ。

質問

「医者になる」という夢に向かってワクワクしたいのですが、現実を見ると大変すぎてワクワクできません

ガガの教え

自分で達成する喜びと、龍神の後押しのコラボが本当のワクワクを生むのだよ

努力しないで「医者になりたい」と思っていないかね？　願っただけで努力しないヤツの魂はあんまりウマくないのだ。「医者になりたい」と思っても、勉強もしなかったらなれるわけがないだろ。だいたいそんな医者にはみてもらいたくないがね。ただポンと願いが叶ったうれしさと、自分で努力して達成感が上乗せされたうれしさでは、どっちの喜びが大きいと思うかね？

本当の意味でのワクワクは、夢のために努力する人間と、後押しする龍神の力のコラボレーションで生まれるのだ。夢に向かってとことん自分でできることをやってみたまえ。そうすれば、龍神の後押しで思いも寄らないすごい結果が出るのだよ。努力しないヤツからは、龍神は離れていくがね。

質問

頼まれると断れなくて、嫌なことも引き受けてしまいます

ガガの教え

断るべきは断る。3回に1回でも断る練習をしてみるがね

まず「嫌だ」と一度でも言ったことがあるかね？　ハッキリ意思表示をしなければ相手だってわからんのだよ。「断ったら嫌われるかも」だと？　要するに断る勇気がないのだな。おまえに教えてやろう。自分を尊重してもらうためには、意思表示することが大切なのだ。おまえがきちんと伝えれば、相手だって「これは頼む」「これは頼まない」と、おまえのことを考えて判断してくれるようになる。まずは、練習だと思って、3回に1回でも断るようにしてみるがね。それだけで、今までの自分とは違う自分になれるがね。

質問　対人運に恵まれず友達がなかなかできません

ガガの教え　好かれたければ自分から相手に笑顔を向けてみるがね

友達ができないことを他人のせいにしていないか？　友達が欲しければ自分から相手と仲良くなる努力をしようではないか。我々龍神も神様も「先に与える」人間を好むのだ。先に与えれば、回り回って与えたものが必ず自分に戻ってくるのだ。人に好かれたければ、自分から笑顔を向けてみるがね。ずっと難しい顔をしていたら、相手も寄ってきてはくれんよ。毎日ちょっとでも笑ってみようではないか。

質問　カフェを開店するのが夢ですが、安定した仕事を辞める勇気がありません

ガガの教え　二つの選択で迷ったら「後悔しないほう」を選ぶがね。後悔を減らせば人生は好転する

さて。仕事を辞めずに「あのときカフェをオープンすればよかった」という後悔と、カフェの経営に失敗して「仕事を辞めなければよかった」という後悔。どっちがいいかね？　自分が真にやりたいことであれば、結果がどうあれ、やったことを後悔せんものだ。ただし、夢を急ぎすぎて守るべき家族を心配させたり、自分の生活基盤が不安定になったりするのはいいことではない。夢が叶うタイミングは、おまえの準備が整った時だ。まだ、その時期が来ていないのかもしれんぞ。準備が整えば、おのずと後悔しない選択ができるものだ。行動して一歩一歩前に進めば、後悔を減らしていける。それが人生を好転させるコツだがね。

質問

夢が叶ったとたん親友だと思っていた人が離れていきました

ガガの教え

相手の成功を心から喜べる心が本当の友情だがね

夢が叶ったり、成功を手にしたりすると人間関係がガラッと変わることがある。おまえは、苦労している時に優しい言葉をかけてくれる人が友達だと思っていないかね？　同情と友情は違うのだよ。相手が自分よりも先に成功したことを心から喜べる人間こそ、本当の友達だがね。離れていった友達は、たぶん妬んでいるのだろう。人間の本音は、自分が劣勢になった時にハッキリ出るのだよ。裏切りは悲しいが、この機会に本当の友情を学べばいいがね。

質問

「整理整頓ができますように」と願っているのに、一向に部屋が片づきません

ガガの教え

自分でやれることを神様にお願いしてはいかんよ。願い事の無駄遣いだがね

神様にお願いするのは人間の力の及ばない領域のこと。努力すればできることまで神様にお願いするのは、願い事の無駄遣いなのだよ。何でもかんでも神頼みにしていたら、人間がダメになってしまうがね。龍神や神様に後押ししてもらいたかったら自分で行動することが大事なのだよ。おまえの本当の願いは、部屋が片づくことではないのではないかね？　ならば毎日少しでも部屋を片づける行動を起こすことだ。そうしたら、おまえ自身の気持ちも整理され、本当の願いが見えてくるがね。

質問　プレゼンの時アガってしまい実力が発揮できません

ガガの教え　恥をかいても命をとられるわけではない。自信を持って前進あるのみ

緊張しないために必要なのは自信だ。本番でアガってしまうなら、まず自信をつけるために練習と経験を積むしかないがね。おまえは、失敗したら恥ずかしいと思っていないかね？　恥をかいても命をとられるわけではない。度胸をつけるには恥をかくのも大事な経験なのだよ。本番で成功したいなら、恥ずかしがらずに人前で何度も練習するのだ。やっていくうちに必ず自信はついてくるがね。グッドラック!!

質問　願いを叶えるには「行動が大事」とわかっているのですが、一歩が踏み出せません

ガガの教え　龍神や神様は素直な人が好きだがね。我らが「やれ」ということは「やる」のだよ

人間はフシギな生き物だがね。「結婚できますように」「お金持ちになれますように」なんて、願い事をするから龍神は本気になって後押ししようとするのだ。ところが、願い事はするくせに、願いが叶うような行動を実践しているヤツが少なすぎる。まったくがっかりなのだ。そのうえ「行動できない」ことに悩んでいるだと？　おまえはバカかね。自分のために行動できるのは自分しかいないのだよ。願い事が叶うヤツというのは、素直でフットワークが軽いヤツだ。おまえは、もう1回この本を読み直して、ワークを復習するがね。龍神や神様に好かれたければ素直に行動したまえ。

龍神ガガに聞いた

これからの生き方のススメ！

2018年はこんな年！

まず、時代の大きな流れをつかんでおくとよいでしょう。時代の流れにはサイクルがあります。時間の流れは、ちょうど四季の移り変わりのように、およそ100日単位、約３か月で変わっていきます。それをもう少し大きなスパンでとらえると、1000日およそ３年です。その最初の年に2018年はなるそうです。

今年は新しいことが始まる年なのです。ですから、気持ちのうえでも「これからだ!」とスタートの意識を持っているのと、いないのでは、これからの展開が違ってきます。新しいことに果敢にチャレンジしていく人に神様も味方しますよ！

ザ・日本的なものに注目！

ガガによると、今年をきっかけに、古きよきものが見直されてくるようです。ひと言でいうと、原点回帰です。日本であれば、着物や茶道などの日本ならではの文化が脚光を浴びて、めちゃくちゃ流行る可能性があります。本質的なものが見直されて、その価値が再確認されますから、そういったものに開運のチャンスがあるともいえます。

グローバルなものよりローカルなものを選択するだけで、運気は上がっていきます。海外旅行より国内旅行。洋食より和食という簡単なことでもＯＫです。神社に頻繁に行くようにするというのも、日本古来の習慣とマッチしていますから開運行為になります。

真っ当に働く人が幸運になる！

新しいことが始まる年は、それまでの概念が壊れる時でもあります。ガガが言うに、まがい物、うそはこれまで以上にどんどんバレていくとか。

社会問題になっていますが、生活保護の不正受給だとか、本当は働けるのに働かないというようなズルは通用しなくなるようです。真っ当に働いて、生産性がある人が成功しやすい世の中になっていきます。神様は善良な人が好きですから、結果的に、ズルをするような人が減って、誰にとっても本当の意味で気持ちがよい社会になっていくそうです。

もっと龍神と
仲良くなりたいあなたへ

BOOK GUIDE

**龍神のことをもっと知りたい、
もっと仲良くなりたいというあなたには、以下の書籍がおすすめ！
あらゆる角度から幸せになるための龍神とのお付き合いの仕方がわかります。**

妻に龍が付きまして…

小野寺S一貴・著

東邦出版／2017.3／1,389円＋税

ある日突然、龍と会話しはじめた妻ワカ……。龍神ガガの声を妻に通訳してもらいつつ聞いていたら、金運、仕事運、人間関係運などが驚くほど好転！

龍神の教えにより幸運をつかんだ実体験と、誰もが龍神と仲良くなる方法を軽快に伝えるロングセラーの処女作。

日本一役に立つ！ 龍の授業

小野寺S一貴・著

東邦出版／2018.2／1,389円＋税

昨今スピリチュアル界を中心に大人気の龍神たち。中でも「小野寺さんちのガガさん!」といえば、その代名詞的存在！　待望の著書2冊目は、龍神ガガ&黒龍さんによるスペシャル授業。人生をよりよくするための龍神の教えを実践して、あなたの毎日をもっと輝かせましょう！

小野寺S一貴　おのでら・エス・かずたか

作家、古事記研究者。1974年8月29日、宮城県気仙沼市生まれ。仙台市在住。山形大学大学院理工学研究科修了。ソニーセミコンダクタにて14年間、技術者として勤務。東日本大震災で故郷の被害を目の当たりにして、政治家の不甲斐なさを痛感。2011年の宮城県議会議員選挙に無所属で立候補するが、当然のごとく惨敗。その後「日本のために何ができるか?」を考え、政治と経済を学ぶ。2016年に妻に付いた龍神ガガに導かれ、神社を巡り日本文化の素晴らしさを知る。初著書となった『妻に龍が付きまして…』(東邦出版)は7万部を超えるベストセラーに。現在も「我の教えを世に広めるがね」という龍神ガガの言葉に従い、龍神の教えを広めるべく奮闘中。
【ブログ】「小野寺S一貴　龍神の胸の内」https://ameblo.jp/team-born/
【メールマガジン】「小野寺S一貴　龍神の胸の内【プレミアム】」(毎週月曜に配信)　http://www.mag2.com/m/0001680885.html

STAFF
構成&文／林美穂
文／加茂直美
カバーデザイン／中島基文
本文デザイン／相馬章宏(コンコルド)
表紙イラスト／高田真弓
本文イラスト／菜々子、ほしひろみ、風間勇人、関根美有、鈴木紗英子
DTP／ihub
編集／入江弘子

小野寺S一貴の
龍に願いを叶えてもらう方法

2018年3月31日　第1刷発行

著　者　小野寺S一貴
発行人　蓮見清一
発行所　株式会社宝島社
〒102-8388
東京都千代田区一番町25番地
営業:03-3234-4621
編集:03-3239-0928
http://tkj.jp

印刷・製本 株式会社リーブルテック

ISBN978-4-8002-8240-8